（宋）蘇轍　撰　傅增湘　校

傅增湘校本欒城集

第六册

國家圖書館出版社

第六册目録

卷二十六　西掖告詞六十一首

卷二十七　西掖告詞六十一首

卷二十八　西掖告詞六十一首

卷二十九　西掖告詞五十九首

以上半葉缺
此兩半葉由絳本裝中檢出補校　庚申八月沅叔志

眉山蘇轍子由著

明東吳王執禮子敬
顧天敘禮初仝校

墓表銘傳六首

伯父墓表

蘇氏自唐始家於眉閱五季皆不出仕蓋非獨蘇氏也凡眉之士大夫修身於家爲政於鄉皆莫肯仕者天禧中孫君堪始以進士舉未顯而亡士猶安其故莫利進取公於是時獨勤奮問學旣冠中進士乙科及其爲吏能據法以左右民所至號稱循良一鄉之

人欣而慕之學者自是相繼輩出至于今仕者常數十百人處者常千數百人皆以公爲稱首公諱漁始字公羣晚字文父曾大父諱祐妣李氏大父諱杲妣宋氏考諱序以公登朝授大理評事累贈尚書職方員外郎妣史氏追封仙游蓬萊縣太君公少穎悟職方君自總以家事使公得篤志於學其勤至手書司馬氏史記班氏漢書公雖少年而所與交遊皆一時長老文詞與之相上下天聖元年始就鄉試通判州事蔣公堂就閱所爲文嘆其工曰子第一人矣公曰有父兄在楊異宋輔與吾遊不願先之蔣公益以此賢公曰以子爲第三人以成子美名明年登科鄉人皆喜之迓者

以上宋本缺
宋本二十五六兩卷皆不完經沈乙
盦師校其廿六末後乃与京師
圖書館所藏正相銜接也

百里不絶爲鳳翔寳雞主簿以能選開寳監未幾移鳳州司法王蒙正爲鳳州以章獻太后姻家怙勢驕横知公之賢屈意禮之以郡委公公雖以職事之而鄙其爲人蒙正嘗薦公於朝復以書抵要官諭公可用公喻郡邸吏屏其奏而藏其私書未幾蒙正敗士以此多公罷爲永康錄事參軍歲饑掌發廪粟民稱其均以太夫人憂去官起爲開封士曹雍邱民有獄死者縣畏罪以疾告府遣吏治之閲數人不能究及公往遂直其寃夏人犯邊府當市民馬以給騎士尹以諉公馬盡得而民不擾以薦知鄢陵始至散鹽鹽吏不敢爲姦遂得其民歲大荒賊盗蜂起剽略父老驚怖相率

請公自救公慰諭遣之而陰督吏士數日盡獲有兄殺弟而取其衣者弟偶不死與父皆訴之捕得公閔其窮而爲姦問之曰汝殺而弟邪其不死而捨之者何兄喻公意曰弟死復生適有見者不敢再也由此得不死父子皆感泣及公去負任從之數千里通判閬州州苦衙前法壞爭者日至公爲立規約訟遂止雖爲政極寛而用法必當吏民畏而安之閬人鮮于侁少而好學篤行公禮之甚厚以備鄉舉侁以獲仕進其始爲吏公復以循吏許之侁仕至諫議大夫號爲名臣職方君自眉視公治喜其能留數月而歸會金洋兵亂閬人恂懼時方闕守公領州事陰爲之備而時率寮吏

登城縱酒民遂以安亂兵適亦敗散不及境還朝監裁造務未幾
而職方君沒葬逾月芝生於墓木鄉人異焉服除選知祥符祥符
多富貴家公均其繇賦而平其爭訟民便安之鄉書手張宗久爲
姦利畏公託疾滿百日去而引其子爲代公曰書手法用三等人
汝等第二不可宗素事權貴訴於府府爲符縣公杖之已而中貴
人至府傳上旨以宗爲書手公據法不奉詔復一中貴人至曰必
於法外與之公謂尹李絢曰一匹夫能亂法如此府亦不可爲矣
公何不以縣不可故爭之絢鄉公言明日入言之上曰此非吾意
誰爲祥符令者絢以公對上稱善命內侍省推之蓋宗以賂請於

溫成之族不復窮治枉矯命者逐之一府皆震包孝肅公拯見公歎曰君以一縣令能此賢於言事官遠矣公嘗出見一婦人敝衣貧甚顧曰此蘇士曹也公怪使人問之曰嘻我廖戸曹女流落爲人婢因泣下公惻然訪其主以錢贖之迎置縣空屋中擇婦人謹厚者視之廖劉昔與公同爲府中掾公帥寮舊嫁之罷知衡州耒陽民爲盗所殺而盗不獲尉執一人指爲盗公察而疑之問尉所從得曰弓手見血衣草中呼其儕視之得其居人以獻公曰弓手見血衣當自取之以爲功尚何視他人必此爲姦訊之而伏他日果得眞盗衡人以公爲神還知漣水軍未行會樞密副使孫公抃

薦公擢提點利州路刑獄嘗行部至閬中民觀者如堵墻其童子皆相率環公揮之不去公謂之曰吾去此二十年矣爾何自識皆對曰聞父祖道公爲政家有公像祝公復來故爾公笑曰何至是公至逾年劍城固縣令一人妄殺人者一道震恐遂以無事嘉祐七年八月乙亥無疾暴卒吏民哭者皆失聲閬人聞之罷市相率爲佛事市中以報享年六十有二官都官郎中階朝奉郎勳上輕車都尉後以二子登朝累贈太中大夫夫人楊氏累封玉城同安縣君公沒之明年六月庚辰卒治平二年二月戊申合葬於眉山永壽鄉高遷里生子三人不欺太子中舍監成都糧料不疑承

議郎通判嘉州公旣沒相繼而亡季曰不危家居不求祿仕女四人長適進士楊薦次適進士王東美次適遂州節度推官任吏季適宣德郎柳子文孫男十二人千乘千運千之千能千里千秋千經千傑千鈞千億時暉女子十人曾孫男女十二人公忠信孝友恭儉正直出於天性好讀書老而不衰平居不治產業旣沒無以葬善爲詩得千餘篇題其編曰南麾退翁雜文書啓章奏若干卷記平生所涖歲月爵土一卷曰蘇氏懷章記其爲吏長於律令而以仁愛爲主故所至必治一時稱爲吏師公沒二十七年不危狀公遺事以授公之從子轍曰先君旣沒而二兄不淑惟小子僅存

不時記錄久益散滅則不孝大矣轍生九年始識公於鄉其後見公於杞聞公之言記公之遺烈僅識其一二謹拜手稽首書於墓之碑曰轍幼與兄軾皆侍伯父聞其言曰予少而讀書師不煩少長爲文日有程不中程不止出遊於塗行中規矩入居室無惰容非獨吾爾也凡與吾遊者舉然不然輒爲鄉所擯曰是何名爲儒故當是時學者雖寡而不聞有過行自吾之東今將三十年歸視吾里弦歌之聲相聞儒服者於他州爲多善矣爾曹才不逮人姑亦師吾之寡過焉可也皆再拜曰謹受教及長觀公行事循循若無所爲動以律令爲師而見義輒發未嘗處人後政事審可爲者

力爲之不疑鄭子産有言政如農功日夜思之行無越思如農之有畔公爲政近之故其所至必有功其去必見思自諸父沒後生不聞老成之言無所師法而流於俗輙懼子弟之日怠也故記其所聞以警焉元祐三年歲次戊辰十二月朔日癸酉從子朝奉郎試尚書戶部侍郎上騎都尉賜紫金魚袋轍表

歐陽文忠公夫人薛氏墓誌銘

歐陽文忠公夫人薛氏資政殿學士尚書戶部侍郎簡肅公諱奎之女也簡肅公事　眞宗朝所至以才名稱晚事　仁宗爲參知政事　章獻太后臨朝公剛毅守節事不苟隨朝廷賴之天下至

今稱焉文忠公以文章名當世其風節尤峻登歲以言事不合流落於外　仁宗亮其忠晚用之亦參知政事　仁宗　英宗之際其所以綏靖朝廷者與丞相忠獻韓公相爲表裏蓋二公之功名士大夫舉知之夫人簡肅公之第四女母曰金城夫人亦賢婦人也夫人高明清正而敏於事有父母之風及歸于歐陽氏治其家事文忠所以得盡力于朝而不恤其私者夫人之力也而世莫知之初簡肅見文忠公願以夫人歸焉未及而薨及文忠公貶夷陵令金城以簡肅之志嫁夫人于許州不數日從公南遷姑韓國太夫人性剛嚴好禮夫人生于富貴方年二十從公涉江湖行萬里

居小邑安于窮陋未嘗有不足之色事韓國時其起居飲食寒溫節度未嘗少失其意雖寒鄉小家女有不能也夫人幼隨金城朝於禁中面賜冠帔及文忠爲樞密副使夫人入謝　慈聖光獻太后一見識之曰夫人薛家女邪夫人進對明辯自是每入輒被顧問遇事陰有所補嘗待班於廊下內臣有乘間語及時事者意欲達之文忠夫人正色拒之曰此朝廷事婦人何預焉且公未嘗以國事語妻子也文忠歸老潁上　慈聖嘗幸集禧過其舊廬使人訪問夫人其後姻家有入禁中者　慈聖猶使傳旨問勞文忠既薨夫人不御珠翠羅紈服布素者十七年文忠平生不事家產事

決於夫人卒皆有法從文忠起艱難歷侍從登二府旣豐盛衰之
變備矣而其出入豐約皆有常度以韓國治家之法戒其諸婦以
文忠行已大節厲其諸子而不責以富貴平居造次必以禮辭氣
容止雖溫而莊未嘗疾言厲色而整衣冠正顏色雖寒暑疾病不
改其度將終疾革言語如平日見諸子號泣曰吾年至此死其常
也此爾等憂豈復預吾事邪其天性安於禮法恬於禍福如此享
年七十有三元祐四年八月戊午終於京師十一月甲申祔於文
忠之塋夫人始以文忠貴封壽安縣君八遷爲仁壽郡夫人復以
其子三遷封安康郡太夫人子男八人發故承議郎少府監丞奕

故光祿寺丞監陳州糧料院棐朝散郎尚書職方員外郎充集賢
校理辯宣德郎監宣州河北酒稅其四人皆未名而卒女三人皆
未及嫁而卒孫男六人愿陳州司戶參軍憲新授滑州韋城縣主
簿恕雄州防禦推官監西京左藏庫愻懋並假承務郎孫女七
人長適權忠武軍節度判官蘇京次適承事郎元耆弼次適許州
長社縣主簿范祖朴次適承奉郎王微次適承務郎王景文次許
嫁承務郎蘇迨次尚幼適范王氏三人皆早卒曾孫二人延世恭
世若薛氏歐陽氏世家既具於簡肅文忠之誌轍少獲知於文忠
公出入門下與其諸子遊知夫人平生爲詳而子棐復以狀求銘

銘曰

簡肅之肅夫人實承之文忠之忠夫人實成之既成其夫亦遺其子白髮素襦動不忘禮貧富之交生死之間有以壯夫而莫克安夫人居之不懾不疑問誰使然簡肅之遺有立於朝文忠子孫豈獨文忠夫人與存

全禪師塔銘

黄蘗斷際禪師之後十有九世曰道全禪師洛陽王氏子也生而不食熏血父毋異之使事其舅廣愛演師十有九年而得度二十年而受具遊彭城歷壽春受華嚴清凉說於誠法師朝授師說夕

能為其徒講彭城有隱士董君識師非凡人也勸遊南方問無上道師乃棄其舊學渡江而南始從甘露禪師茫無所見復從棲賢秀禪師秀勇於誨人示以道機迷悶不能入深自悔咎至唱惡食飲惡水以自礪凡七年道不見舍秀遊高安事洞山文禪師五年而悟告文曰吾一槌打透無底藏一切珍寶皆吾有也文喜曰汝得之矣自是言語偈頌發如涌泉不學而得高安太守請師住石臺清涼已而徙居黃蘗師為人直而淳信不飾外事元豐三年眉山蘇轍以罪謫高安師一見曰君靜而惠可以學道轍以事不能入山師每來見輒語終日不去六年師得疾甚若從醫於市見我

語不離道曰吾病者業也殆不復起矣君無忘道見時見我無相
忘也既而病良愈遷居山中七年轍蒙恩移鎮婺今十一月將西
行意師必來別我師遂以病不出十二月乙丑升堂與其衆訣歸
而坐欲化衆強之臥遂臥不動不復飲食明日丙寅而寂體脫
吾輒凡十五日而荼毗得舍利光瑩無數享年四十九臘三十明
年正月甲二日其徒葬之斷際塔之右其友人總禪師與其徒思
聰以諸來續浚曰師逝矣君知之者以舍利爲信請爲銘其塔
而刻諸石爲之銘曰
偉哉菩提心一切皆具足云何有不見迷悶至狂惑譬如衣中

珠一見不復失假令墮塗泥以至大火坑珠性常湛然不應作
異想全師大乘師晚悟最上乘身病心不病身滅心不滅西域
師子師中國惠可師皆不免厄死而況其餘人疾病不能入刀
兵不能攻非彼有不能乃我未常受我今為師說智者不當凝

閑禪師碑

閑禪師者臨濟玄公九世法孫而黃龍南老嫡嗣也南老以道化
江西其徒常數百人而師為高第南每嘆曰祖師之道不墜於地
必斯人是賴南雖在世而學者歸之已如雲矣南既寂一時尊宿
無有居其右者熙寧年廬陵太守張公鑑請居隆慶未朞年鍾陵

太守王公韶請居龍泉不逾年以病求去廬陵人聞其捨龍泉也舟載而歸居隆慶之西堂事之愈篤居二年元豐四年三月十三日浴訖趺坐以偈告衆以將入滅遂泊然而化既化神色不變鬚髮鬑而復出廬陵守與其人來觀者如堵皆願留事眞相長老利儼稟師遺言闍維之薪盡火滅全身不散以油沃薪益之乃化是日雲起風作飛瓦折木烟氣所至東西南北四十里凡草木沙礫之間皆得舍利如金色碎之如金沙居士長者購以金錢細民拾而鬻之數日不絕計其所獲幾至數斛師法名慶閑福州古田卓氏子也母夢胡僧授以明珠得而吞之覺而有孕及生白光照室

幼不近酒肉年十一事建州昇山資慶長老德圓十七削髮受具二十辭師遠遊及其終也年五十三臘三十六余未嘗識師元豐七年過廬山開先見瑛禪師言及師事且曰瑛少嘗問道於閑師願爲文刻石傳示久遠余許之明年遣其徒請於績溪余有善知識本出於南老將問之益信而作五月辛亥得疾寒熱癸丑益甚余正卧念曰四大本空五蘊非有今我此疾何自而至少頃即睡夢有告者曰如閑師復何疑耶疑即病矣余聞之矍然即於夢中作數百言詞甚雋偉覺而忘之病亦稍愈乃爲之碑而系之以偈曰

一切諸如來惟於一性通具足大神力或坐微塵裏而轉大法
輪或於一毛端普見寶王刹或於見在土遍見一切土彼此無
壞相或於見在土亘上忉利宫人天相還往而無有難相或令
土石沙皆化爲黄金一切皆得取或令江河海皆化爲酥酪一
切皆得食或近取一刼而演爲十刼或遠取百刼而促爲一刼
一切無礙法河沙不可擬閑師得正眼久爲僧中王及其滅度
時廣作諸法事顔色不動揺爪髪日滋長薪盡火亦滅凝然不
解散益薪助以油爾乃就變滅是時人天哀大風吹陰雲發宂
折大木烟氣所及處皆得大舍利圓明如寶珠精色如眞金其

數千萬億是事大希有聞者以爲疑我者悉聞道亦不免斯惑病中夢詞者閑師事何疑有疑即是病不當作是見夢中悔謝容口作數百言曾不以意作已覺不能記播者三四年會聞師不止此攔其旅旁敘聊亦其小者復以告珠師刻石示學人

傳三首

孟德傳 附子瞻詩

孟德者神勇之退卒也少而好山林既爲兵不獲如志嘉祐中戍秦州秦中多名山德出其妻以其子與人而逃至華山下以其衣易一刀十麯（餅）以入山自念吾禁軍也今至此擒亦死無食亦死遇虎狼毒蛇亦死此三死者吾已不復卹矣惟山之深者往焉食其

餅既盡取草根木實食之一日十病十愈吐利脹懣無所不至既數月安之如食五穀以此入山二年而不飢欻遇猛獸者數矣亦輒不死德之言曰凡猛獸類能識人氣未至百步輒伏而號其聲震山谷德以不顧死未嘗爲動須臾奮躍如將搏焉不至十數步則止而坐逡巡弭耳而去試之前後如一後至商州不知其商州也爲邏者所執德自分死矣知商州宋孝孫謂之曰吾視汝非惡人也類有道者德具道本末乃使爲自告者置之秦州張公安道適知秦州德稱病得除兵籍爲民至今往來諸山中亦無他異能夫孟德可謂有道者也世之君子皆有所顧故有所慕有所畏慕

與畏交於胸中未必用也而其色見於面顏人望而知之故弱者見侮強者見笑未有特立於世者也今孟德其中無所顧其浩然之氣發越於外不自見而物見之矣推此道也雖列於天地可也曾何猛獸之足道哉

子由書孟德事見寄余既聞而異之以爲虎畏不懼已者其理似可信然世未有見虎而不懼者則斯言之有無終無所試之然曩余聞忠萬雲安多虎有婦人置二小兒沙上而浣衣於水上者有虎自山上馳來婦人倉惶沉水避之二小兒戲沙上自若虎熟視久之至以首觝觸庶幾其一懼而兒癡竟不知怪意

虎之食人必先被之以威而不懼之人威無所施歟世言虎不食醉人必坐守之以竢其醒非竢其醒竢其懼也有人夜自外歸見有物蹲其門以爲猪狗類也以杖擊之即逸去至山下月明處則虎也是人非有以勝虎其氣已蓋之矣使人之不懼皆如嬰兒醉人與其未及知之時則虎不敢食無足怪者故書其末以信子由之說子瞻題

丐者趙生傳

高安丐者趙生敝衣蓬髮未嘗沐洗好飲酒醉輒毆詈其市人雖有好事時召與語生亦慢駡斥其過惡故高安之人皆謂之狂人

不敢近也然其與人遇雖未嘗識皆能道其宿疾與其平生善惡以此或曰此非有道者耶元豐三年予謫居高安時見之於途亦畏其狂不敢問是歲歲莫生來見予予詰之曰生未嘗求人今謁我何也生曰吾意欲見君耳既而曰吾知君好道而不得要陽不降陰不升故肉多而浮面赤而瘡吾將教君挽水以溉百骸經旬諸疾可去經歲不怠雖度世可也予用其說信然惟怠不能久故不能究其妙生嘗告予吾將與君夜宿于此予許之既而不至問其故曰吾將與君遊於他所度君不能無驚驚或傷神故不敢予曰生遊何至曰吾常至太山下所見與世說地獄同君若見此歸

當不願仕矣予曰何故生曰彼多儈與官吏儈逾分吏暴物故耳予曰生能至彼彼人亦知相敬耶生曰不然吾則見彼彼不吾見也因歎曰此亦邪術非正道也君能自養使氣與性俱全則出入之際將不學而能然後爲正也予曰養氣請從生說爲之至於養性柰何生不答一日遽問曰君亦嘗夢乎予曰然亦嘗夢先公乎予曰然方其夢也亦有存沒憂樂之知乎予曰是不可常也生笑曰嘗問我養性今有夢覺之異則性不全矣予矍然異其言自此知生非特挾術亦知道者也生兩目皆翳視物不明然時能脫翳見瞳子碧色自臍以上骨如龜殼自心以下骨如鋒刄兩骨相値

其間不合如指嘗自言生於甲寅今一百二十七年矣家本代州名吉事五臺僧不能終棄之遊四方少年無行所爲多不法與楊州蔣君俱學蔣惡之以藥毒其目遂翳然生亦非蔣不循理槁死無能爲也是時予兄子瞻謫居黃州求書而往一見喜子瞻之樂易留半歲不去及子瞻北歸從之興國知軍楊繪見而留之生喜禽鳥六畜常以一物自隨寢食與之同居興國畜駿騾爲騾所傷而死繪具棺葬之元祐元年予與子瞻皆召還京師蜀僧有法震者來見曰震浙江將謁公黃州至雲安逆旅見一丐者曰吾姓趙頃於黃州識蘇公爲我謝之予驚問其狀良是時知興國軍朱彦

博之子在坐歸告其父發其葬空無所有惟一杖及兩脛在予聞有道者惡人知之多以惡言穢行自晦然亦不能盡掩故德順時見於外今余觀趙生鄙拙忿險非專自晦者也而其言時有合於道蓋於道無見則術不能神術雖已至而道未全盡雖能久生變化亦未可以語古之眞人也道書屍假之下者留腳一骨生豈假者耶

敘三首

類篇敘 范景仁侍讀託撰

雖有天下甚多之物苟有以待之無不各獲其處也多而至於失其處者非多罪也無以待之則十百而亂有以待之則千萬若一

今夫字書之於天下可以爲多矣然而從其有聲也而待之以集韻天下之字以聲相從者無不得也從其有形也而待之以類篇天下之字以形相從者無不得也既已盡之以其聲矣而又究之以其形而字書之變曲盡蓋天聖中諸儒始受詔爲集韻書成以爲有形存而聲亡者未可以責得於集韻也於是又詔爲類篇凡受詔若干年而後成夫天下之物其多而至此於字書者未始有也然而多不獲其處豈其無以待之昔周公之爲政登龜取黿攻梟去蛙之說無不備具而孔子之論禮至於千萬而一有者皆預爲之說夫此將以應天下之無窮故待天下之物使皆有處如待

字書則物無足治者凡爲類篇以說文爲本而其例有八一曰槼
槻同部而吶異部凡同意而異形者皆兩見也二曰天一在年
一在眞凡同意而異聲者皆一見也三曰叟之在艸食之在犾凡
古意之不可知者皆從其故也四曰雩古气類也而今附雨韻古
口類也而今附音凡變古而有異義者皆從今也五曰壹之在口
無之在林凡變古而失其眞者皆從古也六曰兂之附大屋之附
人凡字之後出而無據者皆不得特見也七曰王之爲玉朋之爲
朋凡字之失故而遂然者皆明其由也八曰邑之加邑白之加𨛜
凡集韻之所遺者皆載於今書也推此八者以求其詳可得而見

下接古今家誡序

也凡十四篇目錄一篇文若干

洞山文長老語錄敘

水流於地發爲草木鹹酸甘苦皆水也火傳於薪化爲飲食飯餅羹胾皆火也心藏於人見於百骸視聽言動皆心也古之達人推而通之大而天地山河細而秋毫微塵此心無所不在無所不見是以小中見大大中見小一爲千萬千萬爲一皆心法爾然而非有所造也故其指心法以示人也有以光明相好化人有以飲食臥具衣服有以園林臺觀虛空有以寂嘿無說無示蓋事無非法者然有闇思修法門衆生由之以入如大衞路旣徑且易自遷磨

西來諸祖相承皆因言以曉人心地既明出語皆法譬如古木生氣條達花葉無數顛倒向背穠纖長短無一不可譬如大海濕性融溢隨風舒卷波濤流轉充遍洲浦無一不到觀者眩曜莫測其故然至於循流返源識其終始可以拊手而笑有克文禪師幼治儒業弱冠出家求道得法於黃龍南公說法於高安諸山晚居洞山實繼悟本辯博無礙徒衆自遠而至元豐三年予以罪來南一見如舊相識既而其徒以語錄相示讀之縱橫放肆爲之茫然自失蓋余雖不能詰然知其爲證正法眼藏得遊戲三昧者也故題其篇首

蘇文定公文集卷第二十五

古今家誡敘

老子曰慈故能勇儉故能廣或曰慈則安能勇曰父母之於子也愛之深故其爲之慮事也精以深愛而行精慮故其爲之避害也速而就利也果此慈之所以能勇也非父母之賢於人勢有所必至矣輙少而讀書見父母之戒其子者諄諄乎惟恐其不盡也惻惻乎惟恐其不入也曰嗚呼此父母之心也哉師之於弟子也爲之規矩以授之賢者引之不賢者不彊也君之於臣也爲之號令以戒之能者予之不能者不取也臣之於君也可則諫否則去子之於父也以幾諫不敢顯背有禮存焉父母則不然子雖不肖豈

有棄子者哉是以盡其有以告之無憾而後止詩曰洞酌彼行潦挹彼注茲可以饙饎豈弟君子民之父母夫雖行潦之陋而無所棄猶父母之無棄子也故父母之於子人倫之極也雖其不賢及其爲子言也必忠且盡而況其賢者乎太常少卿長沙孫公景修少孤而教於母母賢能就其業既老而念母之心不忘爲賢母錄以致其意既又集古今家誡得四十九人以示轍曰古有爲是書者而其文不完吾病焉是以爲合衆父母之心以遺天下之人庶幾有益乎轍讀之而歎曰雖有悍子忿鬭於市莫之能止也聞父之聲則斂手而退士人之過之者亦莫不泣也慈孝之心人皆有

自周公以來至於今父戒四十五母戒四公又將益廣之未止也
之特患無以發之耳今是書也要將以發之歟雖廣之天下可也

元豐三年四月三日眉陽蘇軾引

下接明四張錦引

欒城集卷之二十四終

欒城集卷文集卷二十六

祭文九首

宋眉山蘇轍子由著

明東吳王執禮子敬
顧天敘禮初仝校

祭文

祭文與可學士文

維元豐二年歲次己未二月庚子朔日具官蘇轍謹以清酌庶羞之奠致祭于故吳興太守與可學士親家翁之靈嗚呼與君結交自我先人舊好不忘繼以新姻鄉黨之歡親友之恩豈無他人君則兼之君牧吳興我官南京從君季子長女實行君次于陳往見姑

祭文九首
祭歐陽少師文
祭文與可學士文
祭永嘉郡夫人馬氏文
祭王滁州伯敭文
祭鄆内翰母郡太君文
祭曹演父朝議文
祭范蜀公景仁文
祭忠獻韓公文
祭姪林文
代人祭文八首
李肅之諫議祭張文裕侍郎文
張公安道祭李宥侍郎文
南京留守祭永嘉郡夫人馬氏文
張公安道祭蔡子正省政文
毛筠州祭王子純觀文文二首
三首祭司馬丞相文

三首坚門下韓侍郎曾孫文
祝文一十六首
陳州日食禱諸廟文
陳述古舍人辭廟文二首
齊州祈雨文二首
徐州漢高帝廟祈晴文
南京祭神文七首
績溪謁城隍文
謁孔子廟文
祭靈惠汪公文
青詞三首
齊州祈雨青詞
南京祈雨青詞
筠州祈雨青詞

婷使者未反而君淪亡于何不淑以至于斯匪人所知神實爲之昔我愛君忠信篤實廉而不劌柔而不屈發爲文章實似其德風雅之深追配古人翰墨之工世無擬倫人得其一足以自珍縱横放肆久而疑神晚歲好道耽悦至理洗濯塵翳湛然不起病革不亂遺書滿紙嗟乎今日見此而已我欲哭君神往身留遣使往奠涕泗横流絳旛素節歸安故丘嗚呼哀哉尚饗

祭永嘉郡夫人馬氏文

維元豐元年八月壬寅朔十八日己未具官蘇軾轍謹以清酌庶羞之奠祭于故永嘉郡夫人馬氏之靈惟夫人毓德大宗作配仁

八富貴榮顯居之若無寬裕慈祥終身不改晚通至道游心空寂
啓手即化容如平生登證妙果古人是似歲月遷逝歸全南野君
子在位嗣子在列都人出祖欷歔歎息軾與弟轍皆遊門下義均
親戚令德懿行夙所聞知恭致祀奠禮薄誠至尚饗

祭王虢州伯敭文

年月日具官蘇軾與弟轍謹以清酌庶羞之奠致祭于故虢州使
君伯敭朝散親家翁之靈軾官吳中昔始識君愚不自量欲裕斯
人衆目睢盱更笑迭瞋君在其間乃獨不然危弦急張時一弛寬
我賴以全民亦少安事之難知君以罪廢還家宋都轍適在是簿

書之閑往走君廬忘其厄窮笑歌讙呼夜飲不歸月墮城隅閒屏僕夫與我深言今昔之故君何不鬬指後將然已而信然見遠識微我不如君我遷于南一往六年歸來執手白髮侵顛遂以息女許君長子朋友惟舊親戚惟始西虢之行過我都城慨然憂世不憂死生訃來自西驚怛不信車過城東往奠不辰追懷平生哭於寢門漬酒束脯以寄酸辛嗚呼哀哉尚饗

祭歐陽少師文

維年月日具官蘇轍謹以清酌庶羞之奠致祭于故觀文少師贈太師九丈之靈嗚呼

嘉祐之初公在翰林維時先君處于西南世所莫知隱居之深作書號公曰是知予公應嗟然我明予心吾於天下交游如林有如斯文見所未曾先君來東實始識公傾蓋之歡故舊莫隆逼出所爲歎息改容歷告在位莫此蔽蒙報國以士古人之忠公不妄言其重鼎鐘厥聲四施靡然向風嗟維此時文律頹毀奇邪譎怪不可告止剽剝珠貝綴飾耳鼻調和椒薑毒病唇齒咀嚼荆棘斥棄羹胾號兹古文不自愧耻公爲宗伯思復正始狂詞怪論見者投棄踽踽元昆與轍皆來皆試於庭羽翼病摧有鑒在上無所事媒

馳詞數千適當公懷擢之衆中羣疑相㡳公恬不驚衆惑徐開滔
滔狂瀾中道而迴匪公之明化爲訴俳公德日隆歷蹈二府轍方
在艱撫視逾素納銘幽宅德逮存故終喪而還公以勞去公年未
衰屢告遲莫自亳徂青迄蔡而許來歸汝陰嘯傲環堵轍官在陳
於潁則隣拜公門下笑言歡欣杯酒相屬圖史紛紜辯論不衰志
氣益振有如斯人而止斯邪書來告哀情懷酸辛報不及至凶訃
遄臻嗚呼公之於人雲漢之光昭回洞達無有采章學者所仰以
克綱方知者不惑昧者不狂公之在朝以直自遂排斥姦回罔有
劇易後來相承敢隕故事雖庸無知亦或勉厲此風之行逾三十

年朝廷尊嚴庶士多賢伊誰云從公導其先自公之歸忽焉變遷又誰使然要歸諸天天之生物各維其時朝暘薰風春夏是宜凍雨急雪匪寒不施時去不返雖强莫違矧惟斯人而不有時時旣往矣公亦逝矣老成云亡邦國殄矣無爲爲善善者廢矣時實使然我誰懟矣哭公於堂維其悲矣嗚呼哀哉尚饗

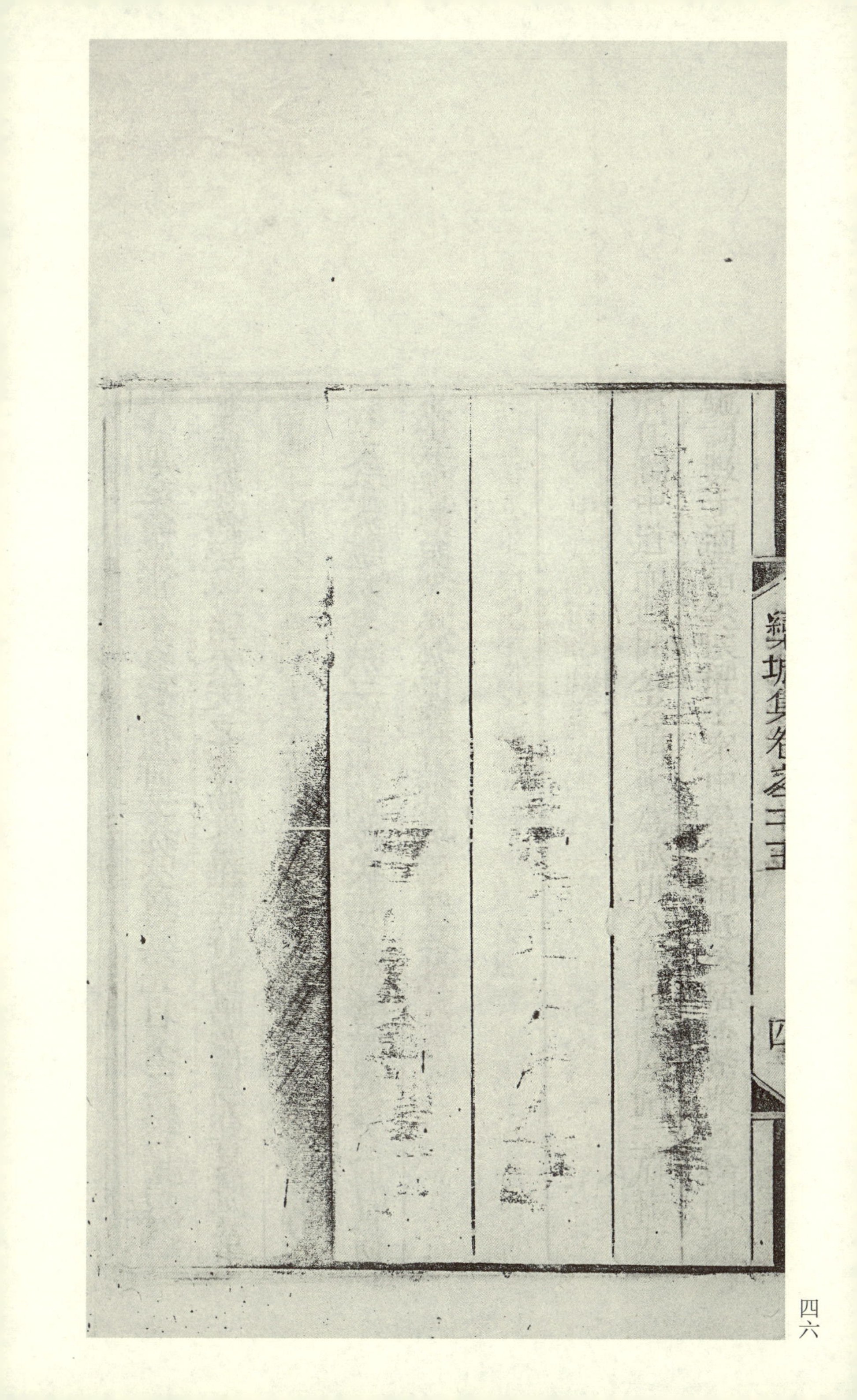

祭范蜀公景仁文

維元祐四年八月十日丁未龍圖閣學士朝奉郎知杭州軍州事蘇軾與弟翰林學士朝奉郎知制誥轍謹以清酌庶羞之奠致祭于故端明殿學士贈金紫光祿大夫忠文范公之靈公之少年初以賦鳴挾策來東氣和而平微見圭角人人自驚宋氏叔仲典司衆盟見公所爲屣履以迎自毀其文以致公名士滿太學莫之敢爭公之中歲始以諫逐堯老將傳未有立子羣公欲言以目相視公獨發之自詭以死帝知其忠始怒終喜後有繼者實蹈公軌公亦自信卒老言事公之末年終以節聞國有蠹賊當之以身力言

不從遂竄爲臣閉門接士不怨不憤羣枉既消衆屈當伸有欲援之同撫我民公笑稱病誓不復振凡世之人有一於是翹然自名足以爲貴公有其三豈不卓偉位雖顯榮有不盡志嵩隗之間潁濵之側有廬可安有田可食顧惟平生篤志鐘律既成既上疾亦告革嗚呼昔我先人公早知之白首相歡事往莫追軾方在朝公舉諫官卒以獲罪而無一言輙來自東復館于門曾患之不䘏而唯義是敦今其云亡無復斯人嗚呼哀哉尚享

代三省祭司馬丞相文

嗚呼元豐末命震驚四方號令所從惟幄是望公來自西會哭于廷縉紳洛嗟復見老成太姒在位成王在左曰予惸惸誰卹予禍白髮蒼顏三世之臣不畱相予孰左右民公出於道民聚而呼皆曰吾父歸歟歸歟公畏莫當遄返洛師授之宛丘實將用之公之來思叟然特立身如槁木心如金石峙當宅憂恭默不言一二卿士代天斡旋事勞如絲衆比如櫛治亂之幾間不容髮公身當之所恃惟誠吾民苟安吾君則寧以順得天以信得人鉏去太甚復其本原白叟黃童織婦耕夫庶幾休焉日月以須公乘安輿入見

延和裕民之言之死靡他將享合宮百辟咸事公病于家卧不時起明日當齋公訃莫聞天以雨泣都人酸辛禮成不賀人識君意龍衮蟬冠遂以往襚公之初來民執弓矛逮公永歸既耕且耰公雖云亡其志則存國有成法朝有正人持而守之有進毋隕匪以報公維以報君天子聖明神母萬年民不告勤公志則然死者復生信我此言嗚呼哀哉

祭鄧內翰母郡太君文

惟靈祗服圖史肅恭蘋蘩擢芳江漢之濱齊聲尹姞之盛篤生賢子揚於帝廷北扉代言訓誥如古南宮尤職賓旅有儀聯袂以朝

列鼎而褻織屨以就方進豈惟古人翦髮以成陶公復見南國耄
期不亂子孫滿前福祿所鍾方期永世喜懼相繼入弔於廬今者
丹旐告行靈輀將啓僚舊之故肴醴式陳魂而有知嘉此誠意尚
饗

祭曹演父朝議文

我官宋都晨出南河遂公北征吏卒譏訶相揖於輿莫或遑乇伯
氏之南見公符離傾蓋相歡執手無疑公顧我笑我猶未知逮伯
遷黃公在浮光山聯川通可跂而望有饋豚羔報之醪漿始於友
朋求我婚姻數歲之間相與抱孫我雖未際而日以親我夢皎然

有告不祥凶訃在門淒絶肝腸諸子纍纍匍匐哀荒公嗜讀書贍於文詞亦達於政實惟吏師惟人莫知而止於斯匪我知公我兄實知哭公寢門兄在禮闈嗚呼已矣寄哀此詞尚饗

祭忠獻韓公文

維元祐五年歲次庚午正月二十三日己丑具官蘇轍具官趙君錫謹以清酌庶羞之奠致祭於故某官韓公之靈轍等游公之門迹有戚疎長育成材公志不殊譬諸草木農夫所區方其播之匪擇瘠腴既苗且實物自遂徐究觀厥成功在於初公之事君社稷是爲允有膂力以執大器既安且平物賴其賜豈惟吾儕有祿與

位自公之亡日月遄邁蒼然墓木過者垂涕轍與君錫偕使遼
驅車往來實出其郊顧瞻西山與公俱高使事有期當復於朝觴
豆甚微懷想則勞且謁且辭徘徊奈何尚饗

祭姪林文

年月日從叔以肴酒之奠致祭於亡姪十六郎之靈嗚呼小宗之
傳五世於是甚謹而信孔孝而悌既冠而孤方壯而死何辜於天
至此極也昔我來東恃爾於斯憂樂相知有無相資千里故鄉相
視忘歸奈何忽焉去而莫追王城西原土厚而溫上爾先君下爾
弟昆一畝之邱三人終焉弱子僅存始行而言自今以往見此而

已矣撫子育孫此汝後庶幾鬼神憐汝無罪畀之壽考以繼家事

嗚呼哀哉尚饗

代人祭文八首

代李公儀謙議祭張文裕侍郎文

惟公擢秀齊魯朴厚忠良自下升高勤勞四方操行之堅老而益強著眉皓髯邦家之光旣謝于朝偃息帝鄉高風凜然公卿是望于何不淑震悼周行喪歸于東邦人慨慷肅之於公朋好有年繾綣王事出入周旋孰云委化不告而先念昔方壯交遊滿前俯仰幾何凋落紛然富貴壽考神弗能全有如公躬十無一焉公今安

歸來舉豆籩尚饗

代張公安道祭李宥侍郎文

元豐元年歲次戊午二月丙午朔二十一日丙寅具官某謹以清酌庶羞之奠祭于故太子賓客贈工部侍郎李公之靈世稱至治咸平景德士生其間端良純一公進以文而以德稱不介不隨泊然靜深推以子人恕而多矜下御吏民如恐不勝晚登朝廷逡巡自得獨立不競浮夸是律卒引而去識者歎息歸老睢陽環堵而終更三十年乃葬元豐世遠人亡誰復知公反兆東圻祖奠有時諷銘考行則猶可知沒而不亡雖久何悲嗚呼公平今世之師尚

饗

代南京留守祭永嘉郡夫人馬氏文

鵲災之風久矣其亡有德斯潛亦耀於鄉宜其家人退食廟堂壽考而終令問不忘有崇其丘都人所望某守土於茲襄事告時尊德以教惟吏之宜生有邑膳沒有廟祠令則不能念昔行之致是菲薄惟愧矣夫尚饗

代張公祭蔡子正資政文

嗚呼公材甚長無適不宜公氣孔堅勇而敢爲厥初磐桓亦躓不顯守邊西方鋒穎乃見聲聞於朝遂付兵樞剔朽鉏荒許之馳驅

二十六卷第十四条起

有志不從疾病支離中道不行舉扶而歸嗟我與公少年相親鄉黨之遊繼以婚姻我老厭事求歸不能公敏而強力罔不任謂當敷施慰我友朋奈何不淑棄我而先遺龕有時涕泗何言誰實使之要以問天嗚呼哀哉尚饗

（代）毛筠州祭王觀文韶文二首

公學敦詩書性喜韜略奮迹儒者取功戎行千里開疆列鼎而食豐功偉烈震耀當年絳纛朱幡留連列郡用舍之際方共慨然存沒之來孰云止此子幼方仕母老在堂百口有藜藿之憂十年為夢寐之頃士夫殞涕道路興嗟某比綴末姻仍叨屬部笑言未接

涕泣長辭攀望靈車寄哀薄奠伏惟尚饗

嗟人之生夢幻泡影短長得失何實非病惟公少年闊略細行從軍西方睥睨鄰境手探虎穴足踐荒梗遂開洮岷歸執兵柄功名赫奕富貴俄頃未安西樞斥就南屏盤桓武昌偃息洪井國方用兵邊鄙未靖謂當再駕沒齒馳騁嗚呼不淑一寐不醒老幼盈前饘粥誰省盛衰奄忽驚怛羣聽惟公晚年自謂見性死生變化其已安命世之不知奔走弔慶寄奠一觴孰為悲哽尚饗

代三省祭門下韓侍郎曾孫文

惟靈淵源深長才質純茂出從仕籍有聞搢紳若穎方興秀而未

下接三省祭司馬丞相文

尚饗

告迎和氣俾我有邦享天之慶民物康阜以承保神之休無斁

依命赦宥多辟凡在祀典罔不咸秩惟神聰明照鑒誠悃消復大

官庭曰咨爾天戒正陽之朔將有薄食上心震懼側身修德謹布

年月日具官張爾謹以清酌庶羞之奠昭告于太昊之神嗚呼日

□□□陳州日食禱廟文

祝文一十六首

同列壇壝行路輿勢精神未泯求樂一觴嗚呼尚饗

憲讀將至往而莫留日月有時出祖齋道尊親之愛感念與深

□□□陳述古舍人辭廟文二首

某來守是邦於今未幾恭承嘉惠即工南服自初始至逮兹解去雨暘時若災癘不起豈某之能繄神之功風俗淳厚獄訟稀少豈某之教繄神之舊獲免罪戾敢忘大賜薦誠俎豆匪以報也尚饗

右太昊廟

右太昊廟

某奮自諸生列位近侍凡出守之地雖駑不才所至輙繕其學官修其禮物見其學士大夫敎其子弟庶幾有成以無忘夫子之業及來是邦獲再執幣爵以見於廷憮然顧瞻思繼前志而詔書來被移殿南服將以是月甲子有事於行登薦菲薄惟告不敏尚饗

右孔子廟

齊州祈雨雪文二首

惟神出入造化，呼召風雲，播灑甘澤，膏潤下土。今茲歷時不雨，麥不得種，饑饉既至，疫癘將起。守土之吏，知任其憂，而不知所爲。神能仁愛斯民，又能作爲雨雪，以生育萬物，是以敢告，尚克有應哉。雪時降，以慰吏民之意，敢不有以報也。尚饗。右禱龍洞

某擅守濟南，適丁旱歲，自秋徂冬，迄此春首，蓋菽粟不發，麥不得種。秋田既耕，種不入土，公私匱竭，倉廩將不繼，官吏憂懼，並走祠望，精神不格，報不時至，暴風振揚，雲合輒解，噭敫相視，知須禪整，粵茲

耆艾稽首來告曰維此土西附岱麓蒙神之休常以有年雲興膚寸實雨天下矧伊我邦而或棄遺神不遺我我則不告是用祗具牲酒請命有神吏之不虔無所逃罪民知歸神神豈棄之茲誠不妄甘雨時至迨秋有成民免於死將戴神之功展其四支以永事神無斁尚饗 右禱泰山

徐州漢高帝廟祈晴文 代子瞻

熙寧十年六月癸巳具官蘇某謹以清酌少牢之奠告于漢高皇帝之神曰此方之民以麥為命今茲歲首雨雪失候麥苗病瘁穫不償種恃秋有成庶幾無饑菽粟滿野淫雨為害豐沛庳下鞠為

稻暑者雨方作膢未可豐雨暘之間死生係之吏民相顧無所控

告惟神奮自茲土掃滅強暴雖宅關輔實懷故鄉俯仰千歲遺語

猶在閭里告病其有不卽驅除陰雲導迎秋暘神實能之蹤放流

療以種秋稼民實望之道民之言徹神之聽受實藏之苟克有應

敢忘其報尚饗

南京祭文七首

熙寧七年九月戊辰某官某謹告於某神曰今茲禾稷將發銍艾

瀰野陰雨為沴彌月不止穗者將腐角者將落徐方大水將沒東

境潢洫盈溝流滌橫至民貧無食恃穫以飽官貧無蓄恃稅以給

而雨并害之公私困竭神亦將乏享吏既不職無以格神之休敢因民心以乞晴於爾有神神能掃除陰雲顯見白日使秋稼畢登宿麥咸藝民免於饑吏免於罪則神之賜多矣其何以報謹告

九月甲戌某官某謹以清酌庶羞之奠告於神曰民能盡力於耕而水旱之變不能知也吏能盡力於治而饑饉之憂不能爲也蓋旋陰陽開闔天地其職在神此吏民之所恃而依也雖然叩之而必聞號之而必應人有不能而況於神之遠而微也今者以雨病告不旋日而雨止種麥穫豆不失其時也太守不德而蒙斯貺自視缺然知無以堪之也酒醴潔芳肴蔌備具匪以爲報惟致其意

也尚饗

十二月己亥某官某謹以酒果之奠告於某神宋維大都兵食夥繁一歲之奉仰於諸藩自河爲災千里汗漫隣邑告病我邦獨完賦稅百須所恃惟田終歲不雪麥將大乾患始於民卒迨於官神仁愛人忍坐以觀卷舒陰陽職上通天勞不崇朝雨雪紛然民食宿麥癘疫莫干久而不施莫知誰德吏則不德而民當哀憐歸誠於神其終捨旃尚饗

元豐元年正月庚申某官某謹以肴酒之奠祭於句芒之神木氣既應田事將起肇出土牛以令早晚惟神體仁司春發生萬物時

節風雨祐我農夫荀東作順敘將綏歲允賴邦有舊典敢率以告尙饗

二月巳未某官某謹以肴酒之奠告于某神某來守是邦自秋徂春政事不修雨暘失候始以水告繼以旱請坑神瀆祀至於再三中心赧焉懼獲譴咎慾今宿麥將槁時雨不降流亡布路倉廩莫繼與其病民寧我獲戾是用恭卜良日申禱有神其尙哀矜農夫賜以膏澤尙饗

六月十七日具官某謹以肴酒之奠告於某神梁宋之郊頻年旱饑盜賊頻興囹圄塡充粤自茲夏農穡六七流亡旣去桴鼓隨息

庶幾秋成民以阜安而淫雨不節水潦橫潰萑菽禾黍鞠爲汙瀦秋氣方始田可耕種神誠愛民錫之間晴積水時去晚稼復藝則民報神之心不在俎豆將世以奉承毋有厭斁尚饗

（七）月（五）日具官某謹以肴酒之奠告於某神乃者暑雨荐至溝澮盈滿於田稟水相繼爲虐秋稼滿野淪胥以敗民號無告吏莫之救酌酒告神庶幾哀憐曾未旋踵秋暘炳爠匪神之仁化爲凶年雖使民竭其所有無以報稱奉觴再拜惟誠而已其尚驅除陰沴以終大賜尚饗

□□□ 續溪謁城隍文

轍以不才忝臨民社謹因舊禮拜謁祠下神仁愛民恭率神意不敢不勉神亦時節風雨驅除癘疫以祐相我治謹告

□□□謁孔子廟文

轍結髮學問今始爲邑無由之政事而治蒲無偃之文學而治武城進謁祠下惟愧惟栗謹告

□□□祭靈惠汪公文

維元豐八年歲次乙丑八月壬戌朔十六日丁丑承議郎知縣事騎都尉蘇轍謹遣男适以卮酒特羊致祭於靈惠公汪王之神神有功斯民世享廟祀轍來長是邑卽神舊邦蒙神之休雨暘以時

稼穡大熟賦役畢具獄訟衰少才短政拙何以獲此意由僥倖以致疾癘寒熱爲虐下逮兒女更相播染卧者過半迄兹痊損自夏及秋中間禱禳神不厭瀆卒保康乂皆神之恩兹用恭致薄禮以謝不敏敢告驅除瘴癘時節風氣使民不告病而吏與蒙貺尚饗

青辭三首

□□□齊州祈雨青辭

嗚呼民愚無知吏怠弗教鬼神不享積釁成癘旱氣充塞五種失藝饑饉既至疾疫將起禱求百神寂寥無聞民既窮瘁吏亦震恐各知咎殃將自洗濯而神怒未息膏澤不至栗栗危懼無所歸命

敢因舊儀祇薦誠悃惟皇天后土靡不覆燾日月星燿靡不臨照山川嶽瀆靡不容載哀矜無辜縱舍有罪并包含養與道爲一祓除妖孽布導和氣時播甘雨以救民命亦俾我守臣聞蒙大賜以寬憂責

□□□南京祈晴青辭

嗟民之艱豐歲常少粵維兹夏牟麥小熟飢者未飽而淫雨爲沴秋稼殄瘁淪爲塗潦宿藏將盡歲計莫續盜賊將起犴獄充斥民之無辜誰爲此禍吏實不德得過於神胡爲殃民以重吏慾今兹歸誠天地布其腹心神仁愛人豈終病之其尚振揚清風以逐屏

翳使太陽顯行后土以乾民趨於田旣穫且耕亦有高廩以祀以
養吏蒙其賜不知其報此亦天地之大德下民之所仰望而求也

□□□ 鎬州祈雨青辭

臣來是邦歲比不登去夏大水汎溢城邑繼以秋旱民食不足庶
幾今歲五種遂茂以釋餘病而亢陽爲災不雨彌月水泉耗竭多
稼殄瘁雲物告異災火時發上下恐懼不知所措惟吏之不德無
以仰當天心惟民之無良有以召致神怒雖自洗濯並走祠望而
誠意淺陋靈貺不答將嘿不以告而民不可棄神亦不終棄人謹
歸誠天地請命百神尙克收如茨之盛以布甘雨使民得稼穡各

欒城集卷之二十五　十七

安其居使我守土之臣亦蒙大賜

蘇文定公文集卷第二十六

欒城集卷之二十五終

月初四日再校

欒城集卷之二十六

宋眉山蘇轍子由著　　明東吳王執禮子敬　顧天敘禮初　仝校

蘇文定公文集卷第二十七

□西掖告詞六十一首

□□□林希集賢殿修撰知蘇州

敕具官林希。朕歷選多士，以備左右侍從之臣，股肱之良，槩出於此。爾以文學政事，有聞于時，擢從右史，試以書命，而行已不靖，遠致人言。朕不忍棄才，尚寵以書殿，往蒞吳俗，思慎厥終，可。

楊傑知潤州

勑具官某京口江浙之會而楊楚方饑仰食隣境朕思得良吏通其有無以濟民病爾以冬官屬績用有聞而欲自詭以治民朕不汝違其究乃心以底成效可

陳安期屯田郎中

勑具官某爾以能選積勞于工正升之文昌以勸勤吏矧司空之屬農部爲上爾其益敬厥事以稱朕意可

蔡立知鄂州

勑具官某武昌控引江漢勢居上流古爲重地非練達政事不以畀之以爾久於治民爲論者所稱朕將觀爾于是惟寛而勿弛明

而勿苟則予汝嘉可

盛南仲知衡州

勑具官某朕進退天下士大夫不惟其才惟其行蓋未有不能正身而能正人者也爾以世族之後嘗爲部使者矣而不閑于家厥聲遠焉法不可貸往即南服尚克循省可

許中正致仕覃恩改朝議大夫

勑具官某朕嗣服之初推恩海㝢矧惟耆老之士蚤隆止足之風豈無寵嘉以慰鄉黨可

虞肇知鼎州

勑具官某武陵依重湖之深嶮據五溪之走集民夷雜居剽輕易擾惟守以安靖可以言治爾昔以才舉爲御史屬官久於牧民宜在此選無煩條教以便遠人可

胡田知誠州邢浩知欽州

勑具官某等欽誠爲郡雖有新舊之異而民夷雜處不可一以華法治也田自欽易誠其習南越之故矣浩自環慶往亦知所以治邊之宜惟寛可以懷遠人惟廉可以服殊俗輔以明斷其let有不濟可依前件

王存磨勘改朝散郎

勑朝廷用人惟其才而考績必以歲月用人惟其才故政無不修考績必以歲月故官不失緒朕兼此二柄以御羣臣故雖六事之長猶寓郎官之秩具官王存文雅足以飾吏事靖重足以鎮國俗恬於進退不爲利回出入臺省人言無間司馬治兵朕既已重其選矣有司奏課升欲以報其勞焉可

梁惟簡供備庫使

勑朕惟崇慶日總萬機號令所至澤遍海內況其左右侍御之臣朝夕執事之勞而有不被其賜者乎坤成之慶國有常憲尙勉忠孝思報其萬一可

張璪光祿大夫資政殿學士知鄭州

勑昔我神考收擢儁良寘于丞弼惟兹内史之重實綜萬機之繁朕方將圖任舊人與之裁成庶務乃者總章大享百辟在廷時于重臣獨以病告不忍賢勞之久力求補外之安曲成其私勉遂所請具官某名臣之後風流具存儒術之英文史足用詳練政事究通物情樽俎可賴以折衝盤錯亟觀於遊刃輟自西臺之要付以新鄭之雄加祕殿之寵名兼進秩之異數使郡縣識朝廷之意而官吏知卿相之賢表帥四方朕尚有賴可

趙君錫太常少卿

孔氏之遺書而陵遲至是朕甚閔之爾能誦詢其說遺業而不廢

勑春秋之廢於今二十年矣講者不以為師而學者不以為第子

劉絢太學博士

將使於老成往服優恩勉揚厥職可

臨事不煩乎欲決廉而明識蓋有取於靜愼此官職清而事少亦

宮師用人之難蓋自前世皆守其舊於孝修居家可紀敏以從政

東宮傅以詔於國朝後令此職選宗儒大夫不任事由卿而罷為東

郊廟社稷之儀朝廷上下之分一有大議罔不責成昔孫叔通為

勑太常總禮樂之政兼伯夷后夔之業在平居無事若無所為至於

蓋將有見於此夫三傳之義其得之者多矣附以啖趙無蔽於一家庶幾士有考焉可

鄧羲叔主客郎中

敕國有四方賓旅之事則主客掌其享燕餼牽之節其疏數豐殺皆有常度遠人於是觀禮不可以不慎爾既掌其事矣以資當遷其益勉之以稱其職可

林旦侍御史權淮南運副

敕具官某淮甸之民薦罹饑饉乃者詔發倉廩輟吳楚之漕以拯其急猶以乏食流徙達於朕聽朕惟救荒之術行之畧盡惟得良

使者因事施宜爲若可賴爾由郎官以才任御史習於揚楚之故其爲朕往視之均徭薄斂禁暴戢奸無使斯人重被其困可

田待問淮南運判可淮南提刑

勅具官某揚楚春旱秋水民艱於食漸起爲盜遂使州縣犴獄充滿朕憂之未始一日忘也間起爾於山陽守俾領漕事今又命爾督視刑辟徒以爾習其風俗知吏民所疾苦夫察貪暴謹追擾均有無督盜賊此荒政之急也勉勤其職以稱朕意可

陳紘可倉部郎中王古可工部郎中

勅具官某等漢郎官出宰百里今部使者入治諸司其爲輕重異

穀

矣朕於是考察多士近而觀其不煩遠而觀其不惰庶幾有得以待任使以汝等久於吳越優有善狀故使絃治于虞古治于王其益敬厥事以底成績可

孫加監察御史可殿中侍御史

勑具官某朕方共默不言責成於有司匪賴耳目之官別白忠邪論辯得失言而中理則予汝嘉不幸而失予不汝咎爾爲御史期年於此矣察其所爲忠懿不回以次而遷庶盡其用爾其深識朕意知無不言言無不盡安意肆志無悼後害可

李常蔡延慶並轉朝議大夫

勑三考而議黜陟古今所同積日而叙勤勞貴賤無間矧夫內與
六官之長外總連帥之權均大計之贏虛司隣邦之動靜歷年應
格稽法當遷有司以言朕何敢後具官李常奮由疏遠深自刻修
財賦所存綱目具舉具官蔡延慶名臣之後吏治有餘干城四方
安靜不擾咸以侍從之選而膺股肱之良雖尺寸以遷未彰於異
數而命秩之寵差慰於久勞可

徐彥孚澶州通判

勑具官某河徙而西則澶淵非復昔日之舊然國門之北兵屯倉
廪猶甲於他郡大臣言爾可用往丞守事勉竭才力以安我股肱

之名郡可

章惇知楊州

敕樞臣之長出居列郡汝海之地僻在遠山邈焉鄉黨之遐疑失親庭之便朕方以孝治天下德綏臣鄰宜推茂恩俾易近地具官某蚤以文詞中選拔出於衆人中以功名自期被遇於先帝逮予纂服亦既期年比緣議論之差授以方州之寄澹然自守綽有安靖之風臥而治民不失綏懷之體眷楊楚之重地據吳越之通途仰足以分予南顧之憂俛足以慰爾思歸之願體朕至意勉於裕民可

邢恕知汝州

勑具官某觀過而知其仁君子與之爾有志於時而不知力之不逮以陷於過徐察其中蓋有足矜者臨汝古郡民朴而事簡可以自養盍務修省不汝終棄可

王令圖可都水使者

勑大河西流泛溢千里河朔之民以蒲葦爲生與魚鼈同居朕中食而歎思得明習水事之人而與謀之具官某老於從政才力有餘出入兩河間知其得失久矣水官之職爾實宜之楊焉王延世之功朕有望焉可

王荀龍知澶州李孝純知棣州

敕具官某等治國如烹小鮮蒞官如製美錦以煩手烹魚則魚必潰使學者製錦則錦必傷朕知斯民之艱難擇人而養之閔閔焉若將不及以爾荀龍典刑舊德習於爲政以爾孝純家世循吏屢典大邦澶淵棣皆河朔之要擇以付爾其益勉之朝夕無怠以深副吾意可依前件

郭逵自致仕起知潞州

敕秦伯復用孟明是以能霸蜀人亟誅馬謖終亦無功朕用於用人篤於求舊雖設干羽以懷柔異類而聽鞞鼓則無忘將臣豈其

舊勳久廢不用具官某蚤學弓劍晚通詩書勇而有謀整且能暇威名懾於西鄙柄任及於中樞南伐無成嗟伏波之遂棄退居能飯知廉頗之未衰擢從解紐之餘復寄長民之任過而能改豈一眚之足云窮當益堅或來功之可冀勉於圖報以稱異恩可

何正臣知梓州

勑東蜀地險而民貧不如西蜀之厚而戎瀘被邊民夷雜居安之尤難朕方寛賦役以裕民正疆場以息兵連帥之任宜得其人具官某舊自東南擢居侍從參議論於臺省布條教於方州比自長沙復臨上黨出入既久當識朝廷之心寄任愈隆初無退邇之異

務爲安靖以慰遠民可

孫覽河北運副除右司郎官

勑具官某奉使北方治河而備邊任亦重矣以爲未足以盡其才也召而寘之都司吾之所以責任爾者可見也夫分治六官事無巨細畢陳於前若綱在網振之則舉弛則盡廢爾昔既稱治辦矣勉旣厥心以觀來效可

陶世延弼孫弼死於順州邢選吉子吉死於流各部三班借職

勑陶世延等惟乃祖父以身殉職義不旋踵寵爾一命庶幾士知忠力之必報可依前件

皇兄令羽磨勘轉遙團

勑具官某考績之法一以歲月爲勞而不以親疎爲異爾能靖恭於位積日當遷以環衛之崇而加團結之寵益勉忠孝無溢無驕以保祿位之重可

張輔之入内内侍省磨勘轉内殿承制

勑具官某昔文武之盛其侍御罔匪正人今余近習之臣與搢紳之士均遇以法亦無以私恩進者爾以久勞當遷往祗厥官使天下知叙法之公無内外之異可

范鎮可侍讀太乙宮使

大子

勑爲國無强於得人用人莫先於求舊朕歷選賢儁至於側微忠其德望之未充而典刑之未練含騏驥而不御臨長道以咨嗟昔人病之矣何疑者具官某文冠多士有揚雄之遺風仕歷三朝守劉向之忠節早事仁祖首開社稷之言晚說裕陵復陳堯舜之道自處於義歸不待年身友漁樵已無求於當世名書簡冊悦或疑其古人茲予纘服之初日思講議之益謂白首窮經之樂尚可推以與人而眞祠訪道之遊足使退而養志勉徇予意毋留所安可

吳師仁可越州司法充杭州敎授尹才虢州司戶田述古襄州司法蘇昞邠州司戶

勑進士某等古者舉選民以懷天下朕以爾等皆以行義聞於鄉黨故命之一官試之行事其勉於從政以效聞聲之美可依前件

叔諄先因殺人追官勒停已叙今叙右千牛衛將軍

勑具官某貴而犯法義不得宥過而知改恩不廢叙往服恩命而知義之可畏庶免於咎可

黃履磨勘改朝請郎

勑漢孝宣帝勵精爲政二千石有治理效輒增秩賜金朕追想其風欲見之於事而况積勞之久於法當遷者乎具官某頃自禁林出爲方伯推其所學施於有政表賢奬善有古人之節考績應格

吏以叙聞其盍勉於裕民無使循吏之賞獨隆於前世可

宋彦圖轉内殿崇班再知歸信容城縣臧定國轉西頭供奉

官再任縣尉

勑具官某等疆埸之吏勇者或以致寇怯者易以納侮朕方欲慎守四境以綏靖四夷求勇怯之中而有司以爾名聞各仍舊官以增新秩謹修邊政思稱朕意可(依前件)

張利一自真定總管移知代州

勑邊之宿將國之干城處則爲民社之寄欲其不擾動則當金鼓之任貴其知變兼是二者實難其人具官某世爲將家久習疆事

特重有守得將吏之心蓋見多權知敵國之變雁門極邊盜爾儒
鬻朕方慶委遇人以寧中國爾其謹守吾圉示之以信而裁之以
義適寬猛之中以稱予意可依前件

莊公岳成都提刑蘇泌利州運判

敕莊公岳等守令賢否朝廷不能自知天下利病吏民不能自言
宣吾德澤於下而達民情於上者部使者也朕既選用舊人而去
其貪饕昏懦新進而汰其不以實者矣以爾公岳八任刺舉所至
稱治以爾泌家世文雅通於吏事鹽利嶮遠民罹茶鹽苗役之害
體恤未復朕念之深其悉乃心謹察苛吏與民休息毋廢朕命

可依前件

內臣馮景見任文思副使知父以園業獻安仁保佑夫人曾得銀帛父亡詐認園地降一官

勑具官某以欺得罪律旣重矣覲望高下情尤不可赦也奪爵一等益務循省以蓋其咎可

胡宗哲遂州張太守漢州

勑具官胡宗哲等朕惟西南之遠弛鹽利之害議茶榷之弊以寬其人矣惟是役法久而未定吏緣爲姦人或告病夫因事制宜法不能盡順民施法責在守令宗哲家世公卿習於吏事太守生長蜀漢知其風俗遂漢名郡皆東西蜀之重地苟能平心正身簡治

錄事以寬民力則太守之職舉矣可

李梴知唐州

勅具官某曩時爲郡清心潔已平政理訟斯爲賢太守矣朕方變役法之弊新故紛然民意未定京西俗窶役勞治之尤難以爾嘗試爲郡條教不煩往宣朕意勤察貪吏使民忘錄事之勤此朕所望於二千石也可

崔仝通判延州

勅具官某將帥治邊以軍政爲重至於均賦役平獄訟實倉廩郡丞事也使者以爾才稱往貳高奴克勤庶事以分帥臣之勞可

奸

王純臣通判岷州

勑具官某朝廷始復洮岷以其初附闊其憲令吏緣是爲姦政事不舉今其郡縣日益完矣居其官者當以近地爲比爾以選往其謹守條約毋以遠故廢職可

姚兕磨勘轉東上閤門使

勑具官某爾以勇氣聞於西垂奮身稠人致位通顯夫論功而賞雖如邱山不以爲重考績而遷差之毫釐有不能得國有常典朕弗敢私勉勤厥官以靖疆場可

丁隲太常博士

勑具官某朕方出滯淹以修庶政舉廉退以靖風俗以爾學有本原聲聞東南一時交遊皆致位通顯而循默自守浮沈管庫將二十年不以爲恥奉常禮樂之地教化所從出也因其職事而施爾舊學朕將觀焉可

常安民大理寺丞

勑具官某吏習於法而不更治民閑於論報而不知爲政朕疑其未能盡法之變也爾以經術進而治縣有聞考課稱最往涖丞事庶幾有補於法可

田子諒湖南運判

勑具官某天下之治緩急相矯常過其中乃者當爲刻覈之政矣其弊也事徒文具而民受其病今予欲以寬治民憂其末流頹弛而莫振夫推予意而布之州縣部使者之事也公卿言爾才力有餘試之南方寬而不弛察而不苛則予爾嘉可

鄭佶都水監丞陳安民簿

勑具官某等朕既平政以便民民少安矣而大河以北水不潤下昏墊爲虐故當今之政水事爲急以爾佶嘗丞水官練達有素以爾安民屢試民事治辨見稱其益講求本原以稱厥職可

葉康弼知劔州

陟误

勑具官某朕銓綜庶工獎勵百職思使中外樂事勸功相勉以治爾昔以選任使者中以事廢盤桓不試嘗安蜀漢之咽賓旅之會地雜礠衍民艱於食往修厥官以稱恩命可

謝卿材河北轉運使自陝漕徙

勑三路之重一也關中夏秋豐穰羌人欵附而河朔大水人民流離北顧之憂於是爲急具官某强敏而惠靖重而文風節之厚追配古人踐歷之久號稱循吏今河決西流而堤防未立民棲邱隴而播種未期爾能相塈決之宜通有無之積以寬民力而紓吾憂此朕所以用爾於北方之意也可

蔡卞磨勘朝奉郎

勑朕俾侍從之臣出守四方試之從政以觀其才而有司考課積勞應格國有成法非予所私具官蔡卞奮由文藝久踐臺省欲效才實之美自詭民社之政宣城古郡晉唐名臣臨長其地者風績相望也爾其勉思古人以修條教服我新命以寵吏民可

丁恂少府主簿

勑具官某古者謂少府爲天子私藏朕爲天下夫復何私惟是技巧之工以供禮樂之用爾以吏能掌其典籍法度之事其講明之可依前件

張禋再知豐州

勑具官某爾嘗為九原之守知其風俗而習其吏民治之為易使他吏往雖得賢者要必久而後治也使者既以爾言勉悉乃心綏我疆事可

呂大防中書侍郎

勑用人先於求舊為政莫如守成朕若稽祖宗之遺餘厥啓神考之近事網羅遺逸而收任勳舊何德備而慎守典刑發于一時股肱之臣蓋皆三朝耆儒之選圖任之意炳然可知具官某器宇博深才智強敏早遇英祖啓顧直諒之言中事裕陵不改忠誠之

節翺翔外服所臨有聲綜轄中臺百務咸舉甚和而理處劇不煩朕方欲力行忠厚而患其末流之惰媮追復賦役而惡夫下吏之侵擾思與在位同協厥中往貳西臺之隆益敦大政之本朕既開懷以用善士亦誠意以報予其克一心同底于道可

劉摯右丞

勑漢御史大夫能任其職則爲丞相近世中執法議論不撓亦補執政昔我仁祖優養正士開受直言時則有若包拯張昪之流咸以敢言獲聞大政舊俗已遠此風寂寥容悅相承亦棄不用朕追懷先正選建忠賢謇諤之聲庶幾前烈具官某早以御史祗事裕

陵力陳是非不避權寵十年流落志氣不衰召置臺端首開正論

進任中司之要屢聞白簡之言風聲凜然國是以定朕欲試其行

事之實是用付以右轄之權治忽所關寄任尤重夫以言責人甚

易以義持已實難爾其勉之毋使輔政之功不若言事之效可

傳堯俞御史中丞

勑枉直未定決於繩墨之平是非相乘臨以法度之士比朕纘服

之始羣議紛然實賴耳目之司力陳骨鯁之論逮茲閱歲浸以成

風然而神明存乎其人衆正可以無咎余欲一變至道固須多士

以寧具官某凜然直諒之風出於豈弟之性早爲御史議禮不阿

中列諫垣言政多牾流落雖久志氣益堅俾還侍於燕閒日有聞於禮義執法之任非爾而誰蓋政無舊新以便民爲本人無彼此以得賢爲先朕將允執厥中爾尙不牽於衆可

張端落致仕依前朝奉郎

勑具官某君子之仕進退無常惟義所在爾昔以强敏之資達於從政由病賜告未老而歸比於恬養之餘復有願仕之意朕方篤於求舊急於用人祗服前官以聽新命可

孟永和轉軍器庫副使兼翰林醫官副使

勑具官某以醫爲職生死係焉不幸而失豈專其罪比更太需其

益進厥官俾精術業以答恩命可依前件

蔡卞知江寧府

勑左右近臣入備侍從出典藩服習知朝廷號令之意灼見吏民情僞之本此朕所以歷試在位而成就人才之道也具官某文華之美發自早年才力之優見於治郡宣城之政數月而成秣陵之徙百里而近旣功乎治亦安爾私勉修厥官以答恩寵可

王安禮知楊州

勑淮南天下之重鎭也俗本剽輕習吳楚之舊歲仍水旱有流亡之憂朕深念其民尤愼所付思得朝廷之舊以殿東南之衝具官

某吏治有餘儒雅足用昔為京兆休有治功其發擿奸伏明而不苛其推行惠術寬而中理遂領臺轄以秉國成方先帝勵精求治之秋有大臣進賢退姦之助久於外服稍易近邦其克為朕舉荒政以惠民謹追胥以助治寬我南顧康此凶年可

林希知宣州

勑具官某爾名在文學之科而才兼政事之選比以吳郡生齒蕃衍學者如林假爾才名以重其守而僑籍所在重以親嫌飛章自陳懇求易地宣城大藩亦東南之要往蒞其治服我異恩可

王舜圭 確山縣尉獲賊二十一人除左班殿直

勑具官某盜發隣境而能率衆攻討殲其徒黨非特武力之勝抑亦智慮有過人者矣寵以勇爵以爲能吏之勸可

蘇文定公文集卷第二十七

欒城集卷之二十六終

八月初九再校

欒城集卷之二十七

宋眉山蘇轍子由著

明東吳王執禮子敬 顧天叙禮初 仝校

西掖告詞六十一首

鄜寕通判永寕軍

勑具官某北邊俗淳而士武隣好輯睦日以無事爾昔嘗以才任刺舉矣久而不試往貳博野尚勉無怠可

叔玫等三十二人並除右班殿直

勑具官某男某等士勤身苦節從事於文武積累歲月俾乃祿仕

以免於耕勞亦至矣今宗室之子始名而官其克孝於家忠信於國識吾尊祖敬宗之意以終保祿位可

王宗孟母 王宗孟南京推官母年九十三封壽昌縣太君

勑具官某母某氏年及耄期而家有壯子非有馴行不能致此福也寵之封邑不吝常典尚俾天下知貴老教孝之意可

胡宗愈吏部侍郎

勑吏部分列三銓而長貳各領其一其爲權任重矣天下官吏至於其間長短有度輕重有數而猶患不得其當者吏撓之也朕敷求儁良付之流品意在是矣具官某學術之茂冠於東南操履之

固不流世俗試於封駁任職不阿方今吏員冗濫待次者無算爾
其去留難之咨覔滯積之歎毋使吏操其柄而士失其職可

顧臨給事中

勑朕欲網羅天下之士而患知人之難惟有歷試之詳重以旋觀
之久雖復堯舜何以尚之具官某樸厚之性出於自然直諒之才
可備三益守道安命端靖不回二十餘年晏然一節外督漕事公
議惜之維是東臺封駁之司實予萬幾出納之地宜得守法之士
以爲過舉之虞爾其稽考典常附以經術令有不便知無不言使
天下之人不能指摘而議則爾職舉矣可

范子奇司農卿

勑司農之政歸於地官則卿事寡矣然朕觀兩漢之士政事如朱邑儒學如鄭衆皆老於此官則前代用人蓋不輕矣具官某家世名臣詳練吏事出入中外治辦有稱居九卿之列修后稷之政盖勉無忘以荅恩命可

馬默河東運使

勑具官某汾晉之民儉而能勤易以術富比緣兵役之後瘡痍未復思得靖重愛民之人爲朕伺察害政之吏以爾博學不勸從政有方文登之民至今頌其遺愛彭城之治復能首發巨奸是用輟

從大農寬我西顧朕於用人無中外之間爾於報國無終始之殊
務安邊民以稱朕意可

岑象求利州運判何琬江西運判

勑具官某等朕爲官擇人不惟其才之儁良亦因其人之便習欲
使上下相得所至即安以爾象求學有本原持心近厚昔在蜀部
遠民宜之以爾琬才力敏明爲政不擾頃居江左列城賴焉往修
隣道之政無替已成之效使西南之人雖在遐僻千里之外咸知
朝廷愛之之意可依前件

常安民鴻臚丞

勑具官某爾進由儒術舉以民政朕將觀爾於近以信其遠典客之職號爲優暇盍勉無怠蓋將有考焉可

李詵自軍頭司除知忻州

勑具官某武吏當守四方以干城吾民冗於內服縻以吏事雖有才力智勇無自而見爾世本將家習於武事求試於外朕不汝違夫治兵欲整而治民欲安能整且安則疆埸之事吾無慮矣可

郟亶通判睦州

勑具官某仕宦之優莫如鄉國知其吏民之態習其風俗之宜所至而安於治爲易矧復桐廬之勝加以才力之優懷組而歸盍勉

無怠可

李琬太醫丞克中嶽廟令

勑具官某爾久習禁方善救諸苦勉思賦禄之厚益勵好生之心可

王鞏通判楊州

勑具官某爾故相之孫而名臣之子也生於富貴而篤智於學勇於議論而不謀其身淮南大邦民病水旱往貳其事益試爾才可

劉奉世起居郎孔文仲起居舍人

勑欲治國家當先得士顧者人物之評廢而長育之道微朕顧瞻

周行惻焉興歎或盤桓久次而未用或沈伏下僚而莫知將以責成治功折衝遐邇人不素具其何賴焉具官劉奉世家世名臣才頴秀發試以治劇煩而益明具官孔文仲進以直言文史足用責之典禮守正不回斯皆一時之儁良多士之領袖方欲寘之侍從益當養其才能左右史官號爲要地前後達者皆由此途手刋册書足以明枉直之效密侍殿陛足以觀進退之詳益勉自修以須不次可

胡宗炎將作少監

勑具官某宮室都城責在工正朕方以恭儉自居以法度自律宜

得愼靜之吏以督繕治之功爾昔居此官號爲任職往貳其事無

毋斁厥勤可

向宗頁知衛州

勑具官某士生於富貴者常患其懷安佚樂怠於功名爾以外戚

之懿求試治民永惟此心有足嘉歎衛雖跨河地實近輔勉修爾

政朕將觀焉可

郴觀

皇太后殿管勾文

字生辰除借職

勑具官某朕恭養

隆祐朝夕無違爾久此服勞適當誕慶錫爾一

命無斁厥勤可

曾肇中書舍人

勑朝廷以號令鼓舞四方言之不文行之不遠昔河西諸將讀璽書而知天子之聖明河北叛臣聞赦令而致武夫之涕泣故朕思得良士俾代予言知民物之至情識邦家之大體擇之久矣僅乃得之具官曾肇少知爲文久益更事家傳父兄之學言有漢唐之風汗簡編年手紬金匱執筆紀事密侍丹墀比於簡牘之餘試以絲綸之作油然不竭煥乎可觀俾卽拜於西垣將益觀其來效雖文稱蘇李未足以爲賢而事問高崔庶幾於適用勉於自竭以稱異恩可

邢恕知汝州

勑具官某老吾老以及人之老此朕所以教天下之孝也爾比自漢東恩移汝海國有常典中止不行朕終念篤老之親宜得便安之養特申前命以慰慈心服我異恩益思報稱可

李周陝西運使

勑具官某關中之民勞於征伐而弊於饑饉久矣朕既爲之舍垢以和諸戎天維顯思助我豐歲粒米狼戾法當斂藏繼出中都之泉以廣窮邊之積猶恐吏不時具而民或未寧分吾此憂責在漕吏爾忠厚之性見紀於時治辦之才屢試以事往推朕旨去蠹賊

之害而督備禦之宜使疆場永安而民以無事可

劉淑蘇州胡宗哲宿州

勑具官某等姑蘇之饒冠於吳越符離之災接於徐亳因其富庶而待之以法郡乃可治乘其饑饉而濟之以惠民亦肯懷苟得其人所至而定以爾淑治郡有方吏民不擾以爾宗哲臨事必辦才力有餘往因其民以立其政使富而不濫貧而無怨以稱朕意可

許彥先知隨州

勑具官某隨於春秋雖號小國然觀其應接隣敵常有賢者今以吾士大夫之多而顧無善人以爲之守乎爾蚤有文譽晚習吏治

尙無菲薄其民往求所以安之可

孫諤大學博士

勑具官某士溺於專門之學而不治諸書不達前世施之於事罔焉不知朕甚患之爾博於文史不流不固往司講解思所以救其失者可

王佺通判荆南

勑具官某南郡控引江湖商賈之淵而盜賊之會也守貳之事於南方爲劇爾游宦之久才力有聞往贊其治益勉毋怠可

韓玠通判河南

勑具官某爾家世公卿當識治體而西南之政俾民驚擾達於朕聽往貳西都服我恩命無忘循省可

占城國進奉判官蒲霞辛可保順郎將

勑具官某航海而至奉琛在廷心知禮義之榮身無遐邇之異特頒恩命昭示遠人可

劉敘中書舍人

勑士有博學而不文甚文而不達於政者矣朕惟人才之難拔士之急凡所擢用惟其所長矧夫名在文學之科才兼政事之選稱而不用夫又何求具官某能讀墳典邱索之書習知漢魏晉唐之

紱中秉直諒發爲謀猷方其流落之中益聞愷悌之政比召還於冊府將漸寘於近班迺以病辭勉從所請汲黯雖安於臥治蕭生雅意於本朝肯于侍從之聯實司號令之本惟詳練可以彌縫庶政惟辯博可以鼓舞四方爾其勉盡所長朕將觀爾於是可

曹誦遙團知保州

勑具官某惟爾先臣克平吳蜀仁澤之深與江漢無極于今四世子孫盛大時出能者昔漢唐功臣高密汾陽之家傳世赫奕不殞其業乎其盡之今爾奮於閥閱之中依有搢紳之望練達兵事曩贊西樞屬邊守之須才加使名以爲重乎欲不違和好之舊而得

嚴整之稱體國承家有望於爾可

王獻可火山軍李昭叙石州

勑具官某等河東邊城俗儉而兵勁吏能守法易以爲治爾等才稱武吏之選家本名將之裔往修厥政以寛治民以嚴御兵思稱朕意可依前件

鄒極江西提刑何琬府界提刑

勑具官某等朕惟古之聖王不泄邇不忘遠雖在江湖萬里之外睠之如畿何之間是以並擇才能以察犴獄以爾極出將使指入參郎曹以爾琬比在江淮積有歲月咸能慎所施設紀於吏民夫

冤民滯訟苟爲不察雖堂上有不能矚苟爲察之雖遠何患往祗

爾事克愼庶獄以稱朕意可依前件

葉温叟度支郎中

勑具官某朕旣克己裕民凡非法之求罔不罷去而國之經用猝

如故初是以思得敏强之臣理財節用以羨補不足爾以儒雅吏

術有聞於時其能量入爲出助成地官以濟我邦計可

吳革江西運判

勑具官某江西地薄民貧嶮而好訟頑者有司失計以鹽賦民愁

嘆無聊困弊愈甚朕雖已弛其峻害復其故常而瘡痍未平念之

未嘗忘也爾以才敏擢守廬陵知其吏民之艱究其本末之變往佐漕事思所以安而養之以稱朕意可

杜常兵部郎中

勑具官某夏官掌天下兵事而邊防禁旅馬牧之政比皆隷於西樞則事益鮮矣爾以吏能久於其屬於法當遷夫以久習之吏而治益鮮之事宜其無不辦也往率乃職益勉毋怠可

榮咨道通判鎮戎軍

勑具官某被邊之地政兼兵民武吏以奮其威文吏以治其政凡所以愛民備敵之道至矣爾頃以博學多聞試於奉常出佐彊場

勉勤職事益以觀爾可

錢式三班借職

敕具官某國家廣漕東南以實中都爾董其事免於亡失錫以一

命益勉無怠可

翰林醫官陳易簡等六人比舊各減三官牽復

敕具官某等醫如函人皆志於仁不幸失之法不可廢而情則可

恕爾等奪官既久稍復其舊體予至恩益勉毋怠可

李括知洋州

敕具官某益昌諸郡莫如梁洋池通蜀漢之饒俗兼秦隴之勁每

欲擇守常難其人爾頃爲赤令勤勞茲以懷組過家無異鄉國服我恩寵勉思治民可

張士澄通判定州

勑具官某君子之仕不以高下易其心爾昔以才敏嘗奉使指茲予命爾佐中山守往悉乃力益勉於事則予汝嘉可

彭次雲吏部郎中

勑具官某以資格用人所以爲公也而賢不肖雜揉無以奬勸士大夫朕旣命有司講求其方矣爾爲地官屬以才能稱進領銓事其悉心流品思稱朕意可

章粲吏部馬琬戶部韓宗右司封吳安憲都官黃景職方郎

官

勑具官某等先帝以禮樂刑政責成於文昌用人之難非它官比清曹劇部尤重其選惟能試之有漸是以用無不宜以爾粲按察西南治辦不撓琬典領徒隸從容有餘宗右出入臺閣有請慎之風安憲家世公卿有練習之譽景質性端茂學術有聞並稱一時之良爲我庶政之助譬如衆輻各致其用然後大車得以運行勉悉爾心以稱朕命可依前件

盛僑國子司業

勑具官某先帝肇新辟雍以養多士於兹歷年學者雲集師儒之任比益重焉是以增命樂正之官以輔司成之教爾以老成端厚久於郎曹往祇厥職勉於訓勵無使陽城韓愈之流專美於前世可

黄庭堅著作佐郎

勑具官某左右史記言動之詳而宰臣紀時政之要以授東觀會而成書然後善惡之實後世得以考焉苟非其人何以取信爾孝弟之美著於閨門文史之功稱於朋友昔張衡崔駰張華束晳皆以才行久於此官朕既思見古人爾尚追配前烈可

陳侗直祕閣知梓州

勑具官某朕憂勞遠人過於畿甸以爲吏之侵漁細民者遠則莫見民之呻吟疾苦者遠則莫聞是以選任守臣惟難惟慎爾以臺閣之舊出臨關陝曾未期歲厥聲茂焉朕惟東蜀郡縣之多思得循吏鎭撫其俗進直書閣寵光西南尙無菲薄其民勉修安靖之政可

晏知止成都運副秦中梓州運副

勑具官某等蜀嶮而遠民弱而畏吏吏失其道民始無告久而不堪或以生事故朕選任使者必先循良將使吏不爲暴而民不失

職以爾知止賢相之後文雅有餘以爾中沖術之精前後可紀託以二蜀之重分吾千里之憂爾其急吏綏民深體朕意可

游酢太學録

勑具官某凡有職於成均者皆士之秀也爾以學業之茂獲與兹選勉修其行使士大夫有觀焉可

張舜民監察御史

勑具官某御史之官知無不言則朝廷肅時然後言則天下信嘉謨嘉猷朕之所急也用人之慎孰先於此爾以文行風節見紀於時方召寘石渠而臺以名聞往祗厥服使言必有物行必有常以

稱朕命可

張績祕書省正字

敕具官某用之則行舍之則藏此孔顏之行而士之所師法也爾

吾以道言進流落不用十有餘年安於潛然不慍不求今予命爾

於東觀將用之也其勉修所以行之者以稱朕意可

李執柔司農寺丞

敕具官某大農事歸於地官則丞事益簡然卿寺之屬皆吾養材

之地也爾家世名臣業履修飭往祗厥官無墜先烈可

陳烈落致仕福州教授

勅具官某惟孝友於兄弟是亦爲政爾以舊行見稱於東南雕老
而不試可以無曠厥方欲推爾所爲施於鄉人其起觀學校使諸
生有所矜式可

盧原國子監丞

勅具官某爾昔以經術教國子於中以罪廢而士大夫高爾之義
有司薦爾之過其往從亦事使天下知朝廷用人之間無善不舉
可

仲龍造勅

勅具官某古者宿衛之臣勤勞于內刺舉之吏捍守于外蓋官稱

其事祿視其功事功既修然後得之今朝廷以仁治親爵秩之施
舉從其厚故爾以積年爲勞考課當遷然非其孝弟恭儉持身有
法則亦何以及此其服我恩命勉於自修使寵祿日至而無盈滿
之患以稱朕意可

吳淵西頭供奉官俞諤左侍禁

勑具官某等爾以史事至府久勤於職懇求補外惟廉且慎可以
終荷寵祿可依前件

袁說知博州

勑具官某吏部以格用人嚴銓綜之叙雖有賢者不得獨進故使

政事之臣視其才能資任而以時用之然後法不亂而才不滯爾以吏能見紀歷典劇郡河朔之民方以饑饉爲憂往勤勞徠以弭流亡之患可

閤木太學博士葉濤正

勑具官某等天下之士視成均之所趨向以爲風俗朕方患其學術之雜駁而文體之流蕩思得知本務實之士相與正之本才質端厚學有原本濤議論堅正行極純潔其往師多士喻以朕意可依前件

宋寶　深澤主簿威之父

一　百歲餘承務郎

勑某祖宗以來以仁率天下肆予士民皆得保其天年爾以行義之厚獨享期頤之福一鄉所重朝所尊禮歲時有束帛之寵廵守有就見之義宜加一命以成子孫祿養之美可

韓忠彦樞密直學士知定州

勑有唐開元之初以儒將守邊靜則詳於治民動則計而後戰邊鄙不竦號稱得人茲予祖宗阜康兆民和請戎狄垂白之老不見兵革亦惟禮樂之士能收干城之功用人之明豈獨前世具官某元臣之後風力自將拔於周行旋付河間之重入參法從遂膺宗伯之選世有明德人無間言惟乃顯考嘗以旌節爲中山守寬厚

之化浹於斯民嚴整之聲震於隣國三十餘年故吏遺民猶有存
者今予命爾以要職撫寧斯土爾亦益懋乃德視乃先烈使北邊
之人知韓氏有子予亦有臣豈不休哉可依前件

劉敏知辰州

勑具官某武陵𣲖邊舊難其守比斥廣沅溪而控扼諸夷實賴茲
土爾才堪煩劇累更事任尚能持身潔廉與物安靜以循撫斯民
懷服異類可

龐希道復翰林醫學

勑具官某爾以醫從仕始以不驗失官終以有勞獲叙功過相除

固法之所許也既復爾舊益懋乃術以答恩寵可

克勍仲謩並磨勘改正任防禦使

勑唐始以防團領四方之戎事中以刺史持節兼治兵民國朝參其舊章因其爵秩以録親報功恩禮尤重以爾具官克勍力行孝弟著於閨門具官仲謩服勤詩禮信於朋友皆董司環衛兼領遥州積勞之久歲月應格俾正使名之重益隆磐石之宗夫富而能約者可以保家貴而知降者可以安職服是恩命思予訓言可

蔡確改知安州

勑朕體貌大臣務全終始有善則藩飭褒顯以風厲天下有過則

遷就諱避以曲全舊恩至於用法蓋不得已具官某卓以才力奮於下僚旋蒙器使致位元宰弟碩不類貪冒有素而溺於私愛以廢公議曲從舉吏之請遂成黷貨之辜其驕奢淫縱之狀理無不知而涵養蒙蔽之甚殆非體國致煩言之並作雖欲肯而不能黜守小邦仍褫舊職往自修省尚體至恩可

呂公孺知秦州

勑秦故重鎮統制西戎乃者肇復河湟邊候浸遠雖復號稱近地而實據其本根用人之難與昔無異具官某故相之後風流未亡舊德之壼出入見紀臨民有寬厚之美治兵知節制之方偃然長

城可託西顧朕方包裹甲兵以懷柔異類督厲將帥以完整邊防

蓋非靖重無以爲安非繕治無以持久祗率朕意勉成厥功可依

前件

欒城集卷之二十七終

欒城集卷之二十八

宋眉山蘇轍子由著　　明東吳王執禮子敬　顧天叙禮初仝校

西掖告詞六十一首

仲鸞等六人磨勘防禦使

勑朕於族屬之尊思極富貴之奉至其進秩之際必由考績之詳蓋所以示出爵之非私勉修身於在位典章之舊朕何敢忘具官仲鸞力行孝恭閨門稱順具官仲隗服勤詩禮朋友攸嘉具官仲癸恭儉自將有縉紳之度具官仲卿修飭匪懈號宗黨之良具官

仲聘信厚之深居有聞望具官仲霈威儀之謹動無過尤皆領職邕州分董右衛旣積勞於累歲宜正命於前官尚能以約保家以謙守位服此新命思我訓言可依前件

張之諫知德順軍

勑具官某守土之臣皆欲从於其事矧夫邊吏內撫軍旅之政外御夷狄之情非習其故何以能稱爾以材勇謀畧出入邊鄙安定之治綽有令聞是用就易符竹往施舊政蓋所以安靜疆場非獨便爾私也可

毖誦覃恩改朝請大夫

勅具官某朕纘嗣丕業思與士大夫祗奉遺訓同濟于艱難爾久
服官政有勞於位登進爵秩非予爾私亦惟先聖之德澤不泯于
下可

郭時亮通判海州

勅具官某朝廷之法無言不酬無德不報爾昔在定武首發奸謀
而義不受賞歲月久矣大臣猶以爲言東海名郡往貳守事益勉
於政將以觀爾可

安宗説知利州

勅具官某益昌之民山居而谷飲控二蜀之要耕桑不足而商賈

有餘不得安靖之吏民將有不堪命者爾昔以選用所至有聞不由吏部復典茲郡其益勉於從政以報恩命可

范子奇河北轉運使

勑具官某河決而西汗浸千里聽其西流則堤防未立郡縣受害塘水堙塞導之東徙則功費極大民殫於役水未必聽頃者議論紛紜未知適從人民流散靡所戾止朕中食嘆息思救其患以爾任寄之人才力有餘頃將北漕嘗講茲事是用申錫前命責之成功夫使水不潤下民不宅土則徵賦靡弊帑廩耗竭漕事盡廢爾將何以尸此其往悉乃心博謀於衆詳究利害以時上聞朕將考

而施之尚勉無忽可

吳安持司農少卿崔公度將作少監

勑具官某等朕用人之廣實惟其材上自公卿之家下迨山澤之儁一有可任不論其世以爾安持賢相之子所見者大歷試煩劇風力有餘以爾公度奮自東南文采自表用之諸寺職業不廢遞加進擢以慰勤勞或勉與九農之功或益修大匠之政朕將考察其實以觀成功可

王覢湖南提刑

勑具官某朕俾士大夫入冶省曹出按州部非特以寵禄厚其身

也內則習知朝廷政事之體外則審察吏民情僞之變踐歷既久獎用亦重爾總督倉庾才力有聞惟是湖湘之遐民習嶮陋之故犴獄所寄得人則安其尙悉乃心罔以內外之殊而不盡其力可

錢暵知眞州

勑具官某五代藩鎮之家惟吳越之後冠冕相屬豈惟朝廷寵綏之厚亦其子孫忠孝之篤楊子重地據江浙之會守土之吏未嘗不選也爾以奉使之勤還領其事治民之餘得以瞻望祖父之故國豈不休哉可

王漸知階州郭逢知德順軍

勑具官某等朕以恩信御夷狄以嚴整治邊鄙常使我直彼曲彼

亂我治庶幾兵民底于安靖凡守邊之吏皆當知朕此意爾等咸

以才謀見紀習於疆事往祗厥官肅戒無怠可

蕭士元石州李昭叙忻州李詵隰州

勑具官某等河東諸郡犬牙相錯皆密邇隣國有兵有民凡與茲

選其任惟一爾等咸以謀畧才勇所臨治辦或告親嫌許以易地

將使吏卒無送迎之苦而邊鄙獲安靖之便各勉於事以稱朕意

可

致仕馬亢等以登極恩改承奉郎

勑具官某等爾以耆年知止退安邱樊顧予纘服均需多士進秩之寵隱顯同之往服異恩以介眉壽可

燕若濟知東明縣

勑具官某古者大邑必使學者制之矧維畿甸四方觀法於此大臣以爾才堪治劇命以東昏耳目所接得失可考可無勉哉可

陳向知楚州

勑具官某爾爲部使者薦士失當以致人言朕不忍廢付爾山陽淮南之民薦經水旱流亡未復勉修政事勞徠安集俾民宜爾以蓋前咎可

士鱣磨勘轉右監門衛大將軍

勑具官某凡予五宗之屬皆有十年之叙勤勞非在廷之比而爵祿居庶姓之右所以示親親也爾能孝恭內外無怨無惡坐閲歲月以陟門衛苟知以進秩爲懼日務克巳則寵祿之至何止於是可

黃好謙知濮州

勑具官某爾齒髮雖衰而風力猶在憚於朝謁亟請外官朕惟民政之難不惟其力而惟其才俾朕得循良以牧養細民俾爾得暇豫以攻治衰疾夫亦何所不可濮陽之治尚能勉以圖報可

張修 駕部郎中

勑具官某馬牧之政歸于西樞則司駕之治簡矣以爾才力之優歷使諸部亦既勞止還總車乘之政試於內服益以觀爾可

王瑜 京西提刑

勑具官某宿其禁則民安其政方今吏莅于顧朕雖欲行之而有所未暇以爾擢刑于淮甸歷年之久民無怨言茲復命爾督視許鄭地雖不同而職事如一庶幾練習之故以無曠弛之慮祇朕新命益勉無怠可

康議權發遣鄜州今落權發遣

勑具官某朝廷急於用人故士有以資未應格進攝事者爾以才智足用擢守鄜畤歲月既久治辦有聞俾正厥官益思所報可

楊叔儀少府少監守本官致仕

勑具官某陳力就列不能者止古之仕者以之而士大夫有不能者爾起於布衣進貳列卿而能因病告休敦止足之義因其舊秩歸耀鄉黨倘使子弟之所矜式可

融州歸明楊晟該等改右班殿直

勑具官某等爾等獻地築堡披山通道忠孝之心見于勤瘁不有褒顯孰云旌勸特命進秩列于廷臣祗服異恩永保疆埸可

曾肇磨勘改朝散郎

勑士大夫有常秩者皆得以叙進至於近侍之列優以三歲之典非謂從官親近而特私之也進用賢才理有當爾具官某學術精博遺詞甚工操履堅正遇事不苟比司國史煥乎筆削之華進領掖垣確然議論之正有司考績於法當遷稍陟崇階增重要職勉服寵光之厚益思報稱之宜可

蓄官折師武覃恩改西頭供奉官

勑具官某朕纘承丕構推恩四海罔有内外咸進爵秩爾世在疆埸有守禦之勤服吾異恩勉事忠孝可

郭知章知海州江公著通判陳州

敕某等天下之士非舉無以知其賢非試無以効其實舉之於衆而試之以事此先王所以求賢責實之方後世之所不易也爾等咸以才名薦於近臣朕信而任之使知章守東海使公著佐淮陽勉悉乃心朕將觀爾所爲以知言者之非妄可

黄好謙知潁州

敕具官某汝陰民庶而事繁河通而地勝前後擇守皆用名流圖諜具存風迹未泯爾才敏通敏長於治人出入勤勞久於郎省自求外服以養高年亦何愛於一邦不以成其素志益勉於治以答

異恩可

霍唐臣知濠州

勑具官某士奮於布衣爲列郡守有民有社可以言政爾積累勤瘁逮茲長人濠雖小郡而民物之繁山川之勝措治之有道亦足以覿循良之効矣可

晁端彦吏部郎何洵直司勳郎顔復禮部郎

勑具官某等朕慎於用人進必以漸考實已試之効常懼或失其人故使端彦以功籍之明升領右選洵直以典禮之修進秩勳府復以奉常之勤擢佐春官庶幾習焉鮮有敗事爾等其明識朕旨

省察姦吏剖決留事以稱吾設官之意可

辛雍太常博士韓宗文光祿丞孔平仲太僕丞

勑具官某等朕網羅儁乂而分之職事以養其才能苟無曠官有進無退雍儒雅自飾藹然有聞宗文世族之良勤於厥事平仲詞學有本敏於爲政皆由已試之效當吾次遷之選夫奉常三禮所在而膳羞閑牧朝夕之所有事也其勉悉乃心務舉其職以稱朕意可

元青宰館閣校勘換校書郎

勑具官某先帝始復圖書之府並建官屬而以校讐之職爾昔以

大臣子篤志學問列於石渠終喪而來官匪其故祗服新命勉思舊學以克嗣世可

梁讓轉朝奉大夫

勑因材任人國之大柄考績進秩吏之常法乃者歷選滯淹試於侍從而有司奏課以時上聞非朕敢私法固當爾具官某早以好學召寘石渠中以嘉猷入事樞府恬於榮利久此槃桓方議禮於秩宗旋納忠於西掖進對一再議論雍容歲月之遷未足爲寵大言大利將有竢焉可

張滂知長垣縣

勑具官某士欲得民而行志莫如爲邑毁譽易聞榮辱易及莫知

畿甸大臣言汝可辨是邑往愼所爲毋忝知者可

李淸臣資政殿學士知河陽

勑朕惟先朝政事之臣與聞玉几之言常奉橋山之禮助我致治

行將三年出綱萬微日以詳練而乃飛章自乞誠意確然屢卻不

回執志莫奪止足之懼黽勉而從具官某博學洽聞蚤與直言之

對高文密議中陪禁苑之遊自登丞轄之司益著忠勤之効勸於

機事力請近藩雖大臣體國不以中外爲心而朝廷任人常敦始

終之分三城重地少假賢勞祕殿隆名益旌舊德尙懷眷予之厚

入告謀猷之嘉惠安小民推廣于意可

張整皇城使廣西鈐轄加遙刺再任以交人理會地界之故

勑具官某桂林諸郡帶山並海控引裔夷比雖少安而備禦之宜常若寇至爾以才勇謀幹久於其地特加遙州之貴仍領兵鈐之重勉圖方畧以答恩寵可

醫官元瑞叙權易使

勑具官某爾以方技事上前以不效失官後以有勞進秩時既當叙而法非其故疑而從于古之道也祗服異恩益勉無忘可

交趾使黎鍾吏外副杜英輩東頭供奉官

勑具官某等梯航之勞不憚嶮遠職貢之禮克遵故常特加朝命之榮以爲海邦之耀往服恩寵無廢忠勤可

鄧忠臣祕書正字

勑具官某爾昔以賦頌之工登圖書之府終喪來見舊學未忘往祗厥官以足前業可

成卓西京左藏庫副使邕州左右江都巡檢差人畫歸化州地圖致儂智會乞割峒地與交趾降兩官監筠州酒稅

勑具官某歸化近藩與吾疆土相接爾爲邊吏而致其割地以附益遠夷不任其咎罪將誰執奪爵一等邦有常憲往祗厥官深體寬宥可

仲淶轉正任防禦使

勑朝廷篤於九族之恩許以十載之叙使其賢者有所勸勉而愚者知自修飾祖宗之舊漢唐所無有司奉行敢有加損具官某幼知義訓長事禮文無膏粱之譏有搢紳之譽久服勞於遠郡茲正命於使聯其克自修以永終譽可

曹訏正任防禦使

勑曹氏爲將不妄誅戮遠人安之忠厚之報集於子孫自勝衣以上皆高爵重祿而天下不以爲過朕甚嘉之具官某幼蒙父祖之慶長有搢紳之譽服事左右勤勞匪懈正名閑禦之任以旌恪恭

之懿服我休命毋忝乃祖可

熊本降授朝散大夫

勅守器不假疆埸之常道啟寵納侮釁長之野心謀之不臧慈必賂惡具官某昔以近侍出守桂林着歸化之近藩有酋豪之小警亦惟介士之奏定輒與曹界之狂謀舉八縣之故封捐三隘而爲境苟牽一時之無事遂忘經世之遠圖豈既莫追罪不可赦督官一等國有常刑思盡往懲爾其自訟可

張縱湖南提刑

勅具官某爾等以當平秦使官廢而罷瀆南大藩民富而多盜布

政期月人亦用乂荆湖之南地遠而多險民悍而喜訟犴獄之寄
惻于尋袁往祇厥官布欽慎之意蓋朕之用人惟善所在不以遠
近爲異爾其勉之可

劉當時太僕簿

勑具官某朕敷求儁良選世族之後惟乃顯考昔爲嘉祐侍從之
冠文學議論有絶倫之聲肆爾仲叔侃然自修不忘前人茲予命
爾僕臣之佐以修閑牧之闕毋荒失朕命以忝乃父可

張寙古尚書省都事出職改朝奉大夫

勑某仕爲大夫出守列郡士之力學行義有白首而不能至者矣

爾名在中臺勤勞積歲坐而致此朝廷之於三省厚矣蓋將自是爲吏民長惟清與愼乃能終荷斯寵可

陳遊古知沂州

勑具官某沂居齊魯之間周孔之風旣遠民悍而喜蔑法之所以待之者不與他郡等朕甚憐之以爾老於從政知吏民之情往求所以安之非徒勝之而已也可

周純知虢州朱陽縣

勑某縣令雖輕職要而近民苟得其人事或以濟虞詡爲朝歌長施設方畧使積歲之盜一朝而去今吾士大夫之富不愧於古而

獨無其人乎聞爾昔討廖恩折馘執俘幾獲渠帥而以誣罔被譴功不時賞今商號之寇依阻為虐往思古人時建功名以效疇昔之勇可

宋子儀大理寺丞

勑某用人之明莫如已試崇陽之訟誣執交構更數獄吏皆不能察汝能究其本根而枝葉自舉使冤者獲信死者無憾往丞廷尉推行此心要使庶獄皆如此而後可可

晉秦國安仁保祐夫人張氏特封吳楚國安仁賢壽夫人

勑朕永懷先帝釐履之遺率皆當今宮掖之貴而況擁佑聖德夙

夜有驚光寵極於一時始終歷於多載不有異數何以示恩具位
張氏資性淑均植遇明聖躬執蠙蘩之役行兼保傅之賢聞致治
於承平誠有功於當世封吳與楚實居四海之上游既壽且臧殆
兼五福之美報號名之盛前從古偶明發有懷匪以爲賜可

彭汝礪右史

敕朝廷以科舉取人甲乙皆侍從之選然而速進有浮淺之累歷
試得重慎之宜逮兹稍進士知自發至實既備用之不疑具官某
早以詞章策名第一試之劇秦臨事不回屢發權倖之鋒不爲進
退之慮翱翔外服黽勉歷年今朕思得忠良之士以紀言動之責

勅具官某晉魏之間吏部進退天下士而世不以爲嫌今益以格

王古吏部員外郎

任汝實習之往祇厥官思稱除命可

學世其家昔以藝文膺上第之選頃以强濟爲天官之屬都司之

職欲得清流以厭服多士又欲得能吏以譏察庶政爾名臣之後

勅具官某尚書萬幾所在二丞總之至於條目之須郎任其責朕

王覿臣右司郎中

予深意可

顧瞻在列咸曰汝宜出入禁闥光贊所以焉長貳人材亦當識

用人動輒有法苟能清心奉公宜無不治以爾名相之後奉使諸道號稱艮能勉佐天官繩留難之吏寬滯積之士以求稱吾意可

張詢浙憲

勑具官某地官掌財賦之出納而辨其登耗爾佐其事累年于茲亦已勞矣吳越之人文巧好利犴獄多有汝長於其鄉而知其情僞往將典憲鉏其豪强而紓其無告以致予欽䘏之意可

陝西移四通判永興汲光移秦州秦州鞠承之移永興延州崔全移渭州渭州歐陽成移延州

勑具官某等朝廷推誠心以待天下之士而祖宗法令之舊有不敢逾茲緣親嫌俾爾易地蓋秦雍延渭均號藩州而兵民政刑皆

足爲治勉出爾力以左右元帥毋以東西易其意可

蔡濬除司農簿 抗子

勑某朕惟英邸舊臣淪謝無幾幸而有子亦旣能仕其於成就長養宜在朝廷是以擢於稠人命以農屬其尙體予至意克祗厥官以毋墜其世可

令陳該覃恩特服終喪除右千牛衛將軍

勑某朕嗣服之初博推需澤爾與陳壎僨退遭閔凶終喪而朝前命不改宜陟環衛之列以均宗黨之榮可

張元方權發遣府界提點

勑具官等畿邑之廣官吏之衆不能當諸道亦明矣然朝廷置使以糾督其政刑則與諸道比葢所以詳治都鄙而儀刑四方不可不慎也以爾才力之裕習於從政往祇厥官務求實效千里之近耳目所及吾得以觀爾可

周邠通判壽春

勑具官某鄭復爲郡與廢補敗爾與有勤焉壽春之富民庶而事叢旣以旌爾亦以觀從政之效可

魏璋先從韓存寶失官後從劉昌祚有勞叙奉議郎熈河機宜

勑具官某爾昔從軍瀘戎以譴奪爵起事西師以功見賞逮兹獲

敘并舉前勞往佐戎旃勉以圖報惟爾前事可以爲懲而後事可

以爲勸懲勸不忘庶幾可以求成功矣可

常安民太常博士

勑具官某禮之正國猶繩墨之於曲直其以止患猶隄防之於江

河雖先王之典布在方册然神而明之存乎其人以爾學術之通

長於議論政事之美載於東南倘能推明舊章以佐卿貳毋使繩

墨不得其施而隄防敗於微隙勉思職事朕將觀焉可

豐稷工部員外郎

勑具官某周官司空之職曰居四民時地利蓋宫室械器之事不

及焉朕方以恭儉自居凡興建百役有所未暇而大河西流水性
未得冬官之責莫斯爲重爾性質方厚居官可紀往佐爾長職思
其憂以稱朕意可

沈季長少府少監

勑具官某天惟無私故物無不生朕於用人惟其可者從而舉之
爾昔以事廢於朝周旋於外久矣朕棄其過而收其所長擢爲九
卿貳爾亦深識朕意勉修厥職以答休命可

林英大理少卿

勑具官某好生之德治于民心然後民知不犯有司今朕既省事

以安衆棄利以厚民而決獄之煩動以千數豈其聽讞之吏不能推行朕意以至於是哉爾以儒者通於吏道尚能以經術緣飾法律先民有言與其殺不辜寧失不經朕夙夜庶幾天下之吏能服斯訓以助予治矧於廷尉安可不勉可

欒城集卷之二十八終

欒城集卷之二十九

宋眉山蘇轍子由著

明東吳王執禮子敬 顧天敘禮初 仝校

西掖告詞五十九首

姚勔宗正丞

勅具官某進取之士志於功名不得廉退靖重之人以鎮之則往而不返流以成俗朕方博求賢儁以助成治道聞爾澹於榮利未老而歸宴居邛園稱道不亂是以擢之宗正以風勵天下勉從弓旌之命使士大夫知篤行之貴可

林希湖州周之純宣州沈季長秀州

勑具官某等江浙之間山川民物之勝有唐臺省之士求守其地有不可得者矣今兹士大夫重內而輕外眡之千里之社或鈌然不滿其意此豈朕不泄邇不忘遠之意哉以爾希蚤與從官文學足用之純背常奉使才幹有聞季長久於滯淹風力不替朕惟吳郡宣城嘉禾三郡之富思得才者付之吏民勉究乃心毋以內外爲高下之意民苟安汝朕不汝遺可

李傑梓州提刑陳鵬運判

勑具官某等東蜀諸郡頃以西南夷之亂輸輓供億民不堪命朕

旣寬而養之疲瘵未復而春夏繼旱有艱食之憂是以剌舉之吏其選尤急以爾傑頃參使事久勞於職習知其故以爾鵬生於其鄉長爲之吏詳其得失故使傑察其刑鵬佐其漕朕於遠人所以念之者至矣推予此心各勉於治可

呂陶京西運副上官均比部員外郎

勅具官某等士任言責則無官守以言取人而不試以事朕以爲未也昔漢宣帝以諫大夫通政事者補郡國守相而唐世御史與尚書郎相出入也蓋前世之所以用人者至矣今陶由殿中擢與七八之列而均以監察遷爲副端之重其爲朕明是非辨邪正者

多矣其以陶刺舉許洛諸郡而以均校計出納諸籍苟試之以事而人無間言焉則才可見矣可

史宗範知涇州

勑具官某安定雖非極邊而聚糧訓兵爲疆埸之重所賴者多矣爾歷試諸郡治辦之聲達於朝廷是以召之江淮優佚之邦付之金華備禦之地勉修厥政綏懷兵民而撫循將佐以稱予選任之意可

黄慶基鴻臚丞

勑具官某鴻臚之於諸寺號爲少事矣然皆朝廷所以長育人材

之地未嘗妄授也爾通守南邦蓋未嘗求而選擢自至其克自奮
勵使天下信吾用人之公非苟然而已也可

張昫戶部員外郎錢長卿刑部員外郎

勑具官某等六卿之屬其切於民事者地官制其衣食而秋官治
其生死有非其人或受其病以爾昫將漕右輔民不告勞長卿司
計中臺事不失統是用以時進之俾佐二部夫職日以高則責日
以重惟能以遷爲憂而不以爲喜則職事舉矣可

大名府驍武第一指揮都虞侯楊政等七人可並左右侍禁

勑具官某等承平既久貔虎之士以歲月爲勞坐致好爵既登仕

籍復從吏治惟廉與慎可以安受寵祿可

韓維守本官資政殿學士知鄧州

勑朕承祖宗之丕業訪求黎老與共國事矧復裕陵藩邸之舊父兄世臣之傑民望所依朕何敢後然而華髮在御有賢勞之嗟旅力既愆以出守爲樂進退之際禮義存焉具官某頃以耆艾恬於燕間召寘邇英賴其勸講之助擢居黄閣付以議論之權任寄方深歲月未幾惟廊廟有日昃之務而方州存卧治之風眷商陽之大邦本故鄉之近地仍還舊職以示往恩尚俾中外之臣知予終始之意思永終譽克綏厥心可

李士京將作丞余中軍器丞

敕具官某等匠事之不可廢與戎備之不可忘其職均耳以親爲嫌法所當避往袛新命率職無怠可

劉務誠三班奉職

敕具官某爾自宣猷改隸奉常歲月滋久勤亦至矣錫爾好爵勉於廉節以安寵祿可

王衮知衮州

敕具官某吏道以律令爲師然讀其書誦其數而不知所以行之未足與言治也爾明習三尺出守列郡臨長吏民知弛張之方有

循良之譽急於親養來請鄉邦朕不爾違以勸能吏祗服休命益勉無怠可

馮宗道[illegible]郡刺史

勑朕嚴內外之分飭左右之戒是以近習之臣雖才智敏強見於內廷而外無知者具官某蚤業器使薦經事任出入諸道靖而不煩比緣積勞之久擢參後省之秘而重慎祗肅有加於前宜因寄資之崇益以閱月之效佩之郡印以寵貂冠勵爾在公清我禁闥可

胡田先以宮苑副使知誠州改爲軍除爲知軍

勑某沅誠昔南邊新郡而誠之於沅地不能半官吏兵丁餽餉勞止比因有司之請易以軍壘之稱爾因頒舊治以撫遠民均爲長吏毋以名號之殊爲輕重之意可

陳安石知襄州

勑襄陽古都會也山河雄勝居楚越之上游風俗剽悍兼雍洛之餘習在戰國爲用武之地方承平爲無事之國牧守之勝圖諜具在具官某起自世族華髮一心試之中外清節有紀比者解印西土持節南陽坐席未温捧詔入覲眷荆州之重地方守臣之闕人匪爲爾私將適民望勉圖安靜之術思繼循良之風可

孫懷用知寧化軍郝逢知岢嵐軍

敕具官某等嵐谷固軍皆樓煩之故地民事雖簡而邊政爲重守土之吏必愼所付爾等咸以選任習於疆場之政惟恩與信可以附吾民而服隣國勉思訓言無怠於事可

王兪光祿寺丞

敕某政無大小以得人爲重雖復膳羞之末足效才否之實爾久試於外而來居此勉修厥職毋忝朕命可

姚勔祕書丞

敕具官某爾以清節懿行聞於鄉黨公卿譽者交至於前乃者擢

公宗正寳刋玉牒顧惟東觀之重號爲衆材之委往服厥職益懋

乃德以稱予待爾之意可

蒲宗閔知興元府史宗範知廬州

勑具官某等漢中蜀之大都而合肥楚之奥壤守臣之選不在有

司以爾宗閔入治郎曹出將使指以爾宗範踐歷藩屏宜於吏民

因其已試之效付以其理之柄往祗厥服俾二郡之民被愷悌之

政以助予治可

林顔欋知泉州

勑某禄廪之給官有常日爾奉使於外而取逾於法以致人言將

何以率勵羣吏責之廉節乎宜罷所領假守方州祗服寬憲修省
無怠可

孔平仲太常博士

勑具官某刑政之得失衆人知之然其所興壞止於其事而已禮
樂之得失視之未必見也而治忽之端或自是起故朕於奉常之
官擇之必慎用之亦速爾以儒術精博吏治通敏以在茲選其克
爲朕別嫌明微以詔爾長俾上下內外不愆於舊章則爾職舉矣
可

西蕃首領温溪心心牟欽氊二人並除化外州團練

勑具官某等天之於人善惡必報朕上法天道以會命四方有能
忠勤必保富貴爾等才雄諸部心奉本朝審於禍福之原明於逆
順之理團兵寵秩盡旌守節之堅絶等異恩當埃成功之報可

鄭价知單州

勑某公卿之世有列於朝不患不用而患不立爾名臣之後以詞
藝自奮入佐卿寺出典藩服由河內領單父恩亦厚矣毋忝乃祖
勉思所以報者可

孫之敏知雍丘楊環賓知咸平

勑某等畿邑大夫古所謂內諸侯也仰有朝廷俯有吏民善惡之

効朝夕可見以爾之敏家世名臣才頴自著以爾瓌賓宦學歷歲志節不回試以鄉遂之民將觀政事之實在邦必達爾尚勉之可

許懋右司郎中

勑某萬幾出納萃於中臺詔敕稽停文案壅滯自唐貞觀之盛而患之矣矧今俗弊政煩實倍前世雖上有管轄而郎不得人罔與共濟以爾奮自周行亟更劇務強敏樂易所至有成是以召自南服還領右部尚能體予不次之舉勉盡匪躬之節虛位以竢爾其欽哉可

陳軒主客郎中

勑某春官之屬皆郎之清選也爾昔以文藝發身名在甲乙中以
請退補外安於遐遯還朝已久素守不踰今典祠溢員而司藩虛
位祗服朕命往勤厥官可

豐稷殿中侍御史

勑具官某孔子稱有德者必有言德之無素而言以爲責則言有
失當而聽者惑矣爾昔爲御史不得其言而去出使諸道入居郎
曹端良之聲予有聞焉其尚一乃心時有德言來告俾予一人獲
聽德之助可

陳知晦蔡州簽判

勑具官某江世舊臣百年遺老求之於時蓋無幾矣今其子弟官於四方左右莫與爲羨大臣來告惻焉於懷以爵屬於孝弟服勤無斁雖從事汝南疑於左遷而朝夕之奉寔惟汝志可

向宗旦司農少卿

勑具官某司農掌倉庾委積并權施闗之政令以時行視吏卒因其勤惰而正其黜陟蓋亦勞矣具時一卿共事猶或不給今舉於一安得不出勞乎爾以世家之盛兼外戚之寵而仕由科舉官有風迹往爲之少俾羣司競勸衆務咸舉以稱朕命可

侯利建京東漕井亮宗河東漕

勅具官某等齊魯之富甲於四方而連歲水旱民艱於食盜賊將起汾晉之貧甚於西邊而逮秋豐成粒米狼戾收斂爲急朕思得良使者以濟二方之宜以爾利建忠節強勁安靖不擾以爾亮采才力敏濟察舉有方卓然已試之效庶幾諸道之選往祗厥服使民食無匱而邊儲有繼此予所以命汝意也可

馬誠湖北憲

勅某爾轉漕汾晉之間以羨補不足歷年於茲亦既勞矣荆楚雖遠而庶獄之治方漕爲簡其克清心慎聽使江漢之間無寃憩之民以答恩寵可

林積知福州

勑某長樂大藩七閩之冠衣冠之盛甲於東南工商之饒利盡山海然以地狹故民多不足俗巧故吏或不稱爾旣生於其鄉長習爲政歷試列郡服勞諸卿今予命爾懷組而歸非獨觀榮於故鄉蓋將責實於來效可

朱服權發遣泉州

勑某爾昔嘗備左右史矣出蒞京口於今再朞朕比以常法遷爾長樂而有司言爾事親不謹爲吏不職朕方以恕臨物不忍究也清源大府往爲假守內飾孝弟之行外循律令之禁日夜不忘庶

免來咎可

林顔知濠州

勑某汝奉使閩越不聞令譽而臨財弗慎以致煩言朕因其悔過待以寛憲而公議不置封章繼聞濠雖小邦有民輿社服我恩貸勿忘省循可

令翚以率府率講書授通直郎

勑某先皇帝厚於宗室勉以爲善有能通於經術率常試以吏事爾誦習典謨明其義訓往服通籍之寵以爲維城之勸可

張宗古知登州

勑某文登濵海有邊防之責士出守其地非選不授爾服勤南宮以積勞而往勉自修飭無忝明命可

高遵易改知全州

勑某黔南雖遠而任寄爲重爾以親往憚於嶮艱畋命淸湘以安祿養孝治之篤豈惟爾私可

何琬工部郎中

勑某昔漢宣帝信賞必罰綜核名實至於技巧工匠器械元成之間鮮復能及永惟熙寧元豐之政其徵見於百工之事與漢宣比朕雖繼之以恭儉而至於練精之功其可忘之爾歷使諸道吏能

有聞入贊冬官厲精庶務勉循舊章以毋失其故可

崔公度知潁州

勑某汝陰土沃民夥有魚稻之饒而訟訴之煩亦倍他郡守得其人則湖山之勝足以為樂苟非其人犴獄煩多日不遑給爾蚤以文詞備選更踐吏事亦云久矣勉勤政事毋為潁俗所撓以稱朕命可

黄裥知賓州錢師孟知横州

勑具官某等嶺南諸郡土曠民稀而密邇夷落以疆場之政為重故守土之吏常選於右府以爾裥仕至通籍而帥臣任以軍政以

爾師孟雖爲勇爵而習於文法之治安城寧浦有民有兵其先爲安靖以待外侮知予所以命爾之意可

石景略可宣德郎

敕具官某朝廷因唐之故以六曹寺監綱紀百執事之治凡祖宗法令之舊合散出入有司有不能知者是以分命近臣條析爲書於兹歷年爾與有勞焉功雖未究而考應於格舉自縣令寘之通階毋郡邑之勞而被斯寵爾其勉之可

范純禮發運副使

敕具官某慶曆名臣莫如文正之賢者朕訪其後人寘之於朝如

見遺老以爾愼靖而文肅恪而通能世其家是以擢於文昌之要付以禮樂之事而乃畏避權寵自嫌閥閱東南漕事國用之根本任人之重朝廷難之均通有無以實中都非特私請之便實亦當今之急也可

張汝賢右司郎中

勑某東南都漕出納財賦幾半天下左右都司綜執綱紀與聞治要雖有內外之異而用人之愼其選維均爾比自文昌出總饋運治辦之稱朕用嘉之還爾舊司益勉毋怠以稱朕委寄之重可

韓宗道太府少卿朱光庭太常少卿

勑某等西漢之治以九卿爲重隋唐以來政在中臺則寺監之事蓋無幾矣然至於奉常司府禮樂財賦之所在用人之愼初無閒焉宗道奮於世族之良練達政治之要光庭比自諫諍之列出佐綱轄之司而皆敦朴自守才力有聞擢居二寺之重益觀歷試之效深自勉勵以究成功可

李之純寶文閣直學士知成都府

勑蜀雖嶮遠而民習禮義易與爲善難與爲非一遇循良愷悌之沒齒少加虐政病不自申昔張詠出守方兵革之後撫之以義民欣戴之趙抃奉使方泰侈之餘節之以禮民安樂之及其復來吏民

驩呼唯恐其去得失之效昭然著明具官某性本靖深政實寬厚處東南苗役之際簡以易從當西南征伐之衝安而弗擾遺澤猶在父老知之是以改重職於西淸付遺黎於右蜀勉因舊治追繼前人毋使張趙之賢獨專巴漢之譽可

廖正乙秘書省正字

勅某朕登延儁良策之翰林爾推言往古以及當世挺然不回朕甚嘉之東觀圖書之府挾册考義游於其間者皆士之選也爾往講習道藝長育才幹敦業以待舉吾於養士亦厚矣勉於問學思所以成之可

劉舜卿加遥郡團練馬軍都虞候

勑朕臨御華夷不求功伐本欲屈已以安衆故務柔遠而息民蠢彼屬羌夙號逋寇誘陷恩立得罪先朝置而不誅冀其改過乃敢結連西夏攻圍南川竊據邊城窺伺便利天奪其魄無復畏忌之心人嫉其奸思致殄殲之勇時予良帥集此膚公具官某學通詩書才任斧鉞靜而知變勇且有謀至則避其鋭鋒去則攻其不備臨洮堅壘破不崇朝講珠長橋殘於一炬元惡授首種羌震驚折馘執俘恩旣均於諸將發蹤指示賞不可以逾時宜錫州團之名仍遷軍候之職河湟遺種未忘反側之心帷幄深謀當審恩威之

用勉思全勝以究前功可

游思雄攺奉議郎陜西運判賜緋

勑某伐叛柔服朝廷之大義避實擊虛將帥之成筭爾出使西鄙灼知虜情能宣朝論之詳以助元戎之決縛致首惡壞其密謀譊羌震驚邊吏增氣遂以文史之舊與有干戈之功增秩易章未足爲寵奉使將漕益觀厥成予欲戢兵固所望於爾者兵利乘隙豈可以爲常哉可

廖正古通判滄州

勑具官某景城負海帶河爲一都會養兵備邊任兼將帥當得才

士往爲之佐爾昔爲小官疾奸除惡以能名聞祗服寵命勉思厥
以爲報可

扈元英鴻臚少卿

勑某朕嘉祖宗將相之臣有德於朝有勞於邊訪其後人長育成
就以勸勵百辟矧爾風力強濟出入有聞贊導國容職高而事寡
玆朕所以追寵先正之意爾往勉之可

張琬知秀州

勑某有司進退多士必以資考爲之銓次爾入官雖久而法當爲
邑擢守嘉禾出於異恩其克臨民以寬勿爲奇亟馭吏以嚴勿爲

姑息思所以答獎用之意可

曾孝序通判莫州

勑某河決而西北方邊塞之地頻年水災民艱於食爾以才選往貳守事其思所以均通有無疏導堙塞使吾邊民免於流徙之患則吾爾嘉可

劉言可內殿崇班

勑某爾章獻外家子生於紈綺而能勉自飭厲以成淑均之行選與宗姻既緣華族特增美秩茲有舊章益務自修以承終譽可

張峋戶部員外郎攺戶部郎中

勑具官某爾旣出使近部入贊民曹其爲屬任均矣然猶以資考之異別中外之名用人之愼國有常典益勉於事以觀成功可

韓緒等 西賊攻圍鎭戎軍南川寨等處緒等戰守有勞或復傷中韓緒韓進轉二官楊吉池評趙說臧遜各轉一官

勑韓緒等夏戎背恩侵我疆埸犬羊之羣遍滿川谷諸將戮力淸野以須或斬馘酋豪折其凶氣或堅完壁壘保我烝徒雖矢刃夷傷而忠節彌壯遂使醜類奪氣引兵遁還得不償費無以[illegible]後令其下論功行賞國有舊章疇其勞能增其爵秩朕旣無德不報爾尙勉於立功可

蕃官党令征攬哥趙令京覃恩改官

勑某等朕嗣守丕業凡在臣庶罔有內外咸欲先之以恩而後責其所報爾等守在蕃服世篤忠勤朕不以遠故遺爾增秩賜邑與朝臣比勉思自効以答恩寵可

顧臨再授給事中

勑朕歷觀多士惟有實者可以久用而不見其敗若夫無實之人朝爲端良而莫入於邪其官業質重而文不阿世俗比從將漕擢寘東臺封駁之風震竦朝聽旋以河漳之害出使趙魏之衝而直聲在人公議所惜因其入奏俾復舊司勿改平日之心審察未行

之政朕有過舉不憚改爲苟無布於四方害及民物則朕爲有知人之哲爾亦有常德之譽矣可無勉哉可

孔文仲中書舍人

勅政令之出公卿爲朕行之而臺諫爲朕言之方其未行內史舍人得聞其議與其既行而後言孰與未行而議之哉具官某蚤以直言鋪陳治要流落雖久氣節不衰比自右史遷長諫列朕審聽其言未嘗吐剛茹柔慨然有仲山之節是以擢寘西掖試以代言夫文學雍容既爾舊學論思密勿毋替前勞可

張頡待制河北都運

勑河決累年提防未立西山諸水汗漫無歸屬此秋霖鞠爲汙澤
朕北顧之念瘖瘝不忘雖振廩已行而宿麥未廣欲使斯民無艱
食流亡之患要在使者有愛人惻怛之誠具官某蚤分刺舉之權
旋委方州之重以勤勞久次之選居出納右部之繁趙魏之憂宜
任其責農桑之政勉盡所宜特加延閣之華以重外臺之寄可

欒城集卷之二十九終